Ⓢ新潮新書

瀬戸晴海
SETO Haruumi

マトリ

厚労省麻薬取締官

JN018353

847

新潮社

まえがき

〝覚醒剤《かくせいざい》使用罪〟で懲役《ちょうえき》を繰り返す60代の男からこう言われたことがある。

「出所する度《たび》に新しいクスリが出回っている。前回は危険ドラッグというやつだった。新宿なんかの繁華街の店舗で堂々と売られていた。ニュースを見ていると凄《すご》い種類があった。人も大勢死んでいる。今回は、大麻《たいま》ワックスとかリキッドというやつだ。大麻から製造すると聞くが、大麻の何十倍も効くらしい。密売方法も変わってきていて、インターネットでも平然と売られている。一体この国は、どうなっているんだ。あんたら、ちゃんと仕事しているのか」

——悔しいが、的《まと》を射《い》た話だ。


１９８０年に私は、麻薬取締官《まやくとりしまりかん》に採用された。第二次覚醒剤乱用の最盛期と呼ばれた頃だ。毎年２万人以上が覚醒剤で検挙されていた。それでも現場で押収される薬物は、覚醒剤を中心に概《おおむ》ね大麻、コカイン等４、５種類だった。それが今では、合成麻薬、危険ドラッグ、そして向精神薬《こうせいしんやく》（正規医薬品の睡眠薬等）も加わり、40種類を優に超えている。「多剤乱用時代」が到来したとも言える。90年代初頭には、イラン人の薬物密売組織が疾風《しっぷう》の如《ごと》く現れてこの国を席巻《せっけん》。96年頃からは、インターネットを媒介《ばいかい》とした薬物売買が始まっている。無論、今でも薬物犯罪の80%は、過去に多くの惨劇を招いた覚醒剤が占めているが、今と昔では輸入量が違う。現在、日本は「アジア最大の覚醒剤マーケット」と呼ばれ、多国籍化した海外の薬物犯罪組織からこぞって狙《ねら》われている。

男が体感した通り、我が国の薬物犯罪は、一向に終息の気配が窺《うかが》えない。薬物は多剤化し、犯罪自体がより複雑・巧妙化している現状にある。厚生労働省に所属する我々マトリ（麻薬取締部）をはじめ、関係捜査機関が徹底した取締りを継続しているにもかかわらず、収拾の片鱗《へんりん》すら見えない。検挙者数こそ、年間1万人台と一時期に比べて減少しているが、事態はより深刻化している。近年の状況を少し整理してみると次のようなことが言える。

①2014年に猛威を振るった危険ドラッグは、国を挙げて対策を講じたことにより、最盛期全国に215店存在した販売店を15年7月までに全滅させることができた。だが、密造・密売組織は離合集散を繰り返しながら、次第に寡占《かせん》化・巨大化して地下に潜《もぐ》り、インターネットを利用して大がかりな密売を続けている。

②覚醒剤については、2016年に過去最高となる約1・5トンに達した押収量が19年も1トン超えを記録。4年連続で押収量が1トンを超える未曾有《みぞう》の事態に直面している。しかも、これだけの覚醒剤が押収されても巷《ちまた》の覚醒剤価格にほとんど変動が出ない。この実態から、我々が想像する以上の覚醒剤が日本に波状的に密輸されていると推測することができる。

③一方で、海外の合法化の流れを受けてか、大麻を推奨するような情報がインターネット上に氾濫《はんらん》し、若者を中心に大麻事犯が急増、所持・使用のみならず、栽培事犯が増加している。ついには米国等で蔓延《まんえん》している脅威の大麻、「大麻ワックス」「大麻リキッド」等と呼ばれる大麻成分濃縮物が日本でも出回るようになった。これは大麻草から幻覚成分であるTHC（テトラヒドロカンナビノール）を効率的に抽出したもので、成分含有率が60％以上（自生大麻の60倍程度）あり、また、容易に製造可能であることから、その動向が極めて危惧《きぐ》される。

では、なぜ、多くの方が薬物乱用防止活動に尽力され、我々捜査機関も徹底した取締りを進めているにもかかわらず、薬物乱用・薬物犯罪はなくならないのだろうか。素朴な疑問だが、それには多くの要因がある。一つには、麻薬等違法薬物のもつ特徴だ。止《や》めたくとも止められなくなる依存性が最大の特徴なのである。

薬物依存症とは、薬物が欲しくて堪《たま》らない状態、自己コントロールできない生物学的状態のことだ。これが厄介《やっかい》だ。覚醒剤はこの依存性がとりわけて酷《ひど》い。止めようと決心して覚醒剤をゴミ箱に投げ捨てても、慌《あわ》ててゴミ箱をかき分けて拾い上げてしまう。どうしても覚醒剤が欲しい。――ここで第二の特徴が生まれる。すなわち、薬物は最高に暴利《ぼうり》を生む商品であり、その密売を生業《なりわい》としている犯罪組織が世界に無数に存在しているということだ。

欲する人が多ければ売り手市場となる。さほどの宣伝はいらない。機会さえ提供すれば飛ぶように売れる。だから、犯罪組織は、密造・密輸し乱用者に提供することで暴利を貪《むさぼ》ることができる。そのため販売価格は生産価格の100倍にもふくれあがる。ときに新しい商品を市場に送り込む。薬物の効果を覚えている乱用者や周辺者は、興味本位から容易に手を出してしまうのだ。

喩《たと》えるなら、薬物は強烈な毒性を持つ魔性のウイルスだ。新型ウイルスが上陸すると瞬《また》く間に飛散し、多くの乱用者が出る。乱用者が出れば出るほど犯罪組織は儲《もう》かる。

今、世界の薬物の取引総額は50兆円規模に膨張したと推測されている。もはや、世界規模の一大産業として確立している。薬物犯罪で得た膨大《ぼうだい》な収益は、テロや他の犯罪活動の資金と化していく。マネーロンダリング（資金洗浄）され、健全な経済活動も脅《おびや》かしている。彼らは、人を食って大儲けし、それを元手に新たな犯罪に手を染めているわけだ。――薬物の持つ特徴と薬物犯罪の特性、これが薬物乱用や犯罪がなくならない大きな要因となっている。翻《ひるがえ》って、薬物乱用者は完治しがたい慢性病に陥《おちい》り苦しむ。同時に乱用者による新たな犯罪が生み出される。薬物購入資金欲しさの犯罪、薬理効果に起因する傷害事件や交通事故。幻覚等の慢性中毒からくる殺人や放火等。過剰摂取等による急性中毒もある。呼吸停止で死に至ることもあれば、精神錯乱《さくらん》して猟奇的《りょうきてき》な犯罪に走ることもある。薬物は、個人の健康を害するにとどまらず、家族、職場を破壊し、地域社会や国家に大きな弊害をもたらす。これが事実だ。

では、どうすれば薬物犯罪はなくなるのか。残念ながら、ワクチンや特効薬はない。国内外の捜査機関が連携を強化して地道で積極的な取締りを継続するとともに、薬物乱用防止の普及啓発活動を今以上に強化・拡充し、依存者対策（再乱用防止対策）を官民挙《あ》げて進めることが急務である。レイプや殺人のツールとして利用されている向精神薬の流通監視も徹底しなければならない。そして、これを進めるためには、多くの人が薬物犯罪の歴史と実態、そして本質を理解することが前提条件となる。真実を知らなければ、効果的な解決策や対処策は見いだせない。実態と本質を知らなければ、乱用防止活動等は教材に基づく一元的なもので終わってしまう。

とりわけマスコミ各社は、問題の本質をより深く理解し、積極的に報道してほしい。現状の報道では、少々物足りない。大型密輸事件が発生した場合、「覚醒剤100キロ、70億円分押収、今年最高。背後に多国籍密輸組織が……」といった報道に終始する。騒ぎが大きくなる著名人の逮捕という場合には、薬物問題よりも著名人そのものがクローズアップされている。テレビでのお昼の情報番組等では連日「反省が足りない」等と素人《しろ》人《うと》コメンテーターが叩《たた》く。これでは、芸能人の不倫騒動と大差ない。

反省で立ち直れるくらいなら、依存症などたいした病気ではないのだ。

お昼の情報番組を見ている人の中には、子育て真っ最中の主婦もいるだろう。だからこそ、問題の本質をきちんと伝えてほしい。

ときにノンフィクション番組で薬物問題を取り上げるが、これも数年に一度、それも一過性で終わってしまうため、問題の背景にあるもの、麻薬等違法薬物の危険性や薬物犯罪の特殊性等が十分に報道されていない。これでは、真実が伝わらない。マスコミの事情も理解できるが、この分野の専門記者を育成するなどして積極的な報道を展開してほしいものだ。

――こういった気持ちもあり、筆を執《と》ることにした。私の約40年の知見と経験を社会に還元《かんげん》するという意味だ。薬物犯罪は社会の変化に敏感に反応し、日毎《ひごと》に進化している。グローバル化やITの進化にこれほど迅速《じんそく》に反応する犯罪はないだろう。こうした事情を読者には是非《ぜひ》理解して頂きたいし、また、同時に私が長年勤務してきたマトリ（麻薬取締部）のことを知って頂きたいと思っている。

マトリには、約300名の麻薬取締官が存在している。麻薬取締官は薬物犯罪捜査と医療麻薬等のコントロールに特化した専門家で、半数以上を薬剤師が占《し》めている。おそらく世界最小の捜査機関である。名前は知っていても、その実態を認知している人は少ないだろう。ところが、これがなかなか粋《いき》で鋭く使える組織なのだ。歴史的にも日本の薬物対策の推進に大きく貢献してきた経緯を有している。今後、益々《ますます》活躍が期待され、活用価値の向上する集団だと胸を張って大声で言うことができる。これも是非とも理解して頂きたく、本書でその実像を解説することにした。

薬物問題を語る書籍は多く存在する。しかし、いずれも教科書的で、一般の方には馴《な》染みにくい。そこで、本書では法律、薬学及び精神医療等の学問領域で用いられる難解な専門用語は極力避けた。より平易で分かりやすい表現で、日本の薬物犯罪を時系列で振り返りながら、それぞれの時代に我々麻薬取締官がどのような捜査を行ってきたのかを、実体験からのエピソードを交えつつ解説することとした。

いわば「麻薬取締官による薬物犯罪捜査史」である。本書を通じて、問題の本質を汲《く》み取って頂ければ幸甚《こうじん》である。

目次

第1章　「マトリ」とは何者か

総力を挙げた国際オペレーション

その日、二十数人の捜査員が待ち構える福岡県内の工場に運び込まれたのは、車体を黄色く塗装された大型の重機だった。目を引くのは、普通乗用車の2倍はあろうかという後輪タイヤ。そして、前輪部分にはめ込まれた巨大な鉄製のローラーである。捜査員達が視線を送るこの重機は、道路の舗装《ほそう》に用いられる「ロードローラー」だ。

ここに至るまでの捜査期間は優に1年を超え、投入された捜査員は延《の》べ1500人にも上る。捜査の総括指揮を執ったのは、当時、九州厚生局麻薬取締部部長だった私である。国際的な密輸組織を相手に、麻薬取締部が総力を挙げて挑んだ捜査が実を結ぶか――。すべてはこの重機の捜索に懸《か》かっていた。

海外旅行客が土産物《みやげもの》の菓子や置物のなかに違法薬物を詰め込む。または、スーツケースやトランクを二重底にして忍ばせる。そんな密輸の手口を耳にしたことのある読者は

覚醒剤の密輸に使われた「ロードローラー」（写真提供・著者、以下同じ）

少なくなかろう。だが、この「事件」で密輸のカモフラージュに用いられたのは、総重量10トン近い、頑強《がんきょう》なロードローラーそのもの（上の写真）。この重機のなかに、大量の覚醒剤が隠《いん》匿《とく》されているというのである。

我々は、オランダで商船に荷積みされた重機が、博多港で水揚《みずあ》げされるまでの輸送プロセスを、完全に捕捉《ほそく》していた。また、厚い鉄板で覆《おお》われたローラーの内部に薬物が隠匿されている可能性が高いとの情報も得ていた。

だが、ローラーの表面を丹念に確認した捜査員の表情は冴《さ》えない。

「ありませんね。少なくとも、外からは全く分からない……」

ローラー内部に隠しているとすれば、当然ながら薬物を挿入《そうにゅう》するための「穴」が必要なはずだ。しかし、ローラーの表面には、無理やり穴を空《あ》けたような形跡は見当たらなかった。

無論《むろん》、この程度の事態が想定できなかったわけではない。すぐさまローラーだけを重機本体から取り外し、あらかじめ呼び寄せていた作業員にローラーの表面の一部を切除してもらうことになった。

電動カッターが厚さ24ミリの鉄板に接するや、激しく火の粉が飛び散る。作業員がローラー表面に正方形の穴を空けるまでには4時間を要した。その間、捜査員たちは固唾《かたず》を呑《の》んで作業を見守り続けた。

捜査の過程でどれほど精度の高い情報を得ていようと、また、捜査対象がこちらの思惑《おもわく》通りに動いてくれようと、実際に「ブツ」を見るまで決して油断《ゆだん》はできない。「マトリ」であれば、誰もがそのことを骨身に沁《し》みて理解している。

まもなく、作業員が正方形に焼き切った鉄板をバールで剥《は》がした。それに合わせて捜査員がローラー内部の空洞に、幾筋《いくすじ》もの懐中電灯の光を差し込む。次の瞬間、暗闇のなかに無数の白い塊《かたまり》が浮かび上がった。透明なビニール袋に小分けされ、山積みとなっていたのは、紛《まぎ》れもなく大量の覚醒剤だった。

「ロードローラー作戦」で押収された大量の覚醒剤

「おぉ！」
「すごい……」
現場は色めき立った。長期に亘《わた》る捜査が報《むく》われたことへの安堵《あんど》に加え、続々と運び出されるあまりにも大量の覚醒剤に、ベテラン捜査員でさえも驚きを隠せなかった。

２０１２年12月８日、我々がロードローラー内部から発見し、押収したのは２２０袋、実に１０８キロに及ぶ覚醒剤である（上の写真）。

この年に全国の捜査機関が空港や港湾で押収した覚醒剤の総量は約４６７キロなので、その４分の１近い量を一度に押さえたことになる。末端価格は87億円を下らない。この密輸を水際《みずぎわ》で阻止《そし》できなければ、大量の覚醒剤が日本中にばら撒《ま》かれ、暴力団の私腹《しふく》を肥《こ》やしたことになる。

「マトリ」とは何か

福岡で生まれた私は、大学を卒業後、80年に厚生省麻薬取締官事務所（現・厚生労働省麻薬取締部）に採用された。その後、専《もっぱ》ら大阪、東京を舞台に暴力団や外国人犯罪組織を対象とした組織犯罪捜査に従事するほか、アジアを中心に情報収集活動に携《たずさ》わり、2007年に横浜分室長を拝命。

以後、沖縄支所長、中国・四国部長、九州部長を経て14年に麻薬取締部の実質上の本部である関東信越厚生局麻薬取締部の部長に就《つ》き、18年3月に退官。約40年に及ぶ麻薬取締官としての人生に別れを告げた。

前述したように、「マトリ」と呼ばれる麻薬取締部は小さな組織ではあるものの、「少数精鋭の専門家集団」「プロフェッショナルな頭脳集団」となることを目指している。私は、この目標を達成し、さらに規模を拡大するため既存組織の改革と職員の育成に全力を注《そそ》いできたが、道半《みちなか》ばで引退することとなった。

現在、薬物犯罪の手口は巧妙化し、国際的な密輸シンジケートによる犯行も増加している。冒頭で触れた「ロードローラー事件」もそのひとつである。一方、乱用薬物はその種類が急増するとともに、より危険な物質が出現し続けている。そうしたなかで、麻薬取締部の強化・拡充は我が国の薬物対策の推進に直結する。私はそう確信している。

そのために、まずは私が長年所属した麻薬取締部（Narcotics Control Department＝NCD）、そして、人生の大半を捧げた麻薬取締官（Narcotics Agent）という極めて特殊な職業について解説を加えたいと思う。

複数の薬物捜査機関が存在する国は、米国等いくつかある。日本もそうである。

日本で麻薬を取締る組織としては、薬物取締りを任務とする「マトリ」、「警察」（警視庁等地方警察の薬物捜査専門部署）、「税関」（各税関の禁制品取締部門）、及び「海上保安庁（通称、海保《かいほ》）」（各海上保安本部の密輸事犯取締部署）の４機関があり、それぞれが専門性を生かした対策を講じている。ときとして合同捜査を実践しているが、これほど上手《うま》くいっている連携は他国にはない。いずれも世界トップレベルの優《すぐ》れた取締機関である。

この４機関の棲《す》み分けだが、税関は財務省の地方支分部局で、全国８税関と沖縄地区税関が所在する。使命は「適正かつ公平な関税等の徴収、安全・安心な社会の実現、貿易の円滑化」などで、薬物、銃器、知的財産侵害物品など禁制品の密輸阻止が大きな役割の一つとなっている。国際的な空港、海港には必ず税関が所在しており、人・物の通関検査を行う。国際郵便物・宅配便等の検査も税関の業務である。最新の検査機器を有しており、麻薬犬の育成にも力を注《そそ》いでいる。世界の税関ネットワークもあり、密輸手口等に関する多様な情報も保有している。税関職員は、司法警察職員ではないものの、各種の調査権限を有し、捜索や差し押さえ等も可能である。そして、何よりも後述する「CD（コントロールド・デリバリー）捜査」（泳がせ捜査）は、水際から始まるため、税関の協力は欠くべからざるものである。

海上保安庁は、国土交通省の外局で、本庁に加え、地方支分部局として全国に11の海上保安本部が所在する。海上犯罪に特化した特別司法警察職員である海上保安官が配置されており、海を舞台に「海洋秩序の維持、海難の救助、海上防災・海上環境の保全、海上交通の安全確保」など、海の危機管理を責務としている。薬物・銃器の密輸阻止も大きな任務で、最新鋭の航空機・船舶を保有している。海上の薬物捜査は海保なくして成立しない。税関は〝税と関〟で水際の関所。海保は〝海の危機管理組織〟として責務を全《まっと》うする。

では、同じように違法薬物を取締る麻薬取締部と警察とのちがいとは何か。

結局、麻薬取締官の専門性が特徴である。麻薬取締官は、日々、地を這《は》うような薬物犯罪情報の収集に力を注いでいるが、他方で健康被害をもたらす〝ブツ〟そのものもターゲットとして捜査・情報収集を行っている。未規制の乱用薬物を麻薬等に指定するのは厚生労働省の仕事である。同省の実働部隊である麻薬取締官は、未規制のブツであっても乱用実態等を調査する必要がある。危険ドラッグ販売店などの徹底的な実態調査を行った上で「検査命令」「販売等停止命令」を出せる。この行政命令を実施できるのは、マトリのみだ。麻薬取締官はこれを実施し、一方で違法物質が確認された場合は強制捜査に移行し、地元警察と緊密に連携して、危険ドラッグの販売店舗などを壊滅させた経緯がある。

確かに、被疑者を捜索・逮捕するという薬物犯罪捜査のみを見ると、警察官と同じことをやっていることは否定できない。ときに正規の手続きを経て「おとり捜査」など特殊な捜査を行う場合でも、捜査は捜査であり、目的は同じである。

ただし、麻薬取締官の捜査・情報収集は、犯罪への対応に加え、ブツを見極め健康被害を防止するという大きな任務があること、これを理解して頂きたい。他方で、薬物捜

警察	税関	海保	マトリ
国内の治安対策 公共の安全と秩序維持 ・強大な組織力 ・全犯罪に対応可能 ・豊富な人的資源と情報	水際の関所 ・豊富な水際情報 ・高度な検査技術 ＜最新鋭の検査機器＞	海の危機管理 ・豊富な海洋情報 ・高い海上機動力 ＜最新鋭の航空機・船舶＞	薬物総合対策 ・豊富な薬物情報 ・少数精鋭 ・高い陸上機動力

上記機関の薬物取締部署を総合病院の役割分担に置き換えた場合

総合診療部門 ・多数の診療科と医師 看護部 ・多数の看護師 事務局	総合検査部門 ・放射線科医師 ・放射線科技師 ・臨床検査技師 〈最新鋭の検査機器〉 （MRI・CT等）	救急救命センター ・救急救命医師 ・救急救命士 ・最新鋭の救命船舶等 〈ドクターヘリ・ボート等〉	最先端の医療チーム ・専門医師 ・麻酔・精神科医師 薬剤科 ・薬剤師

査に従事する警察官は、多様な捜査キャリアを有するため、麻薬取締官が持っていない情報と豊富な捜査経験を有している。どのような犯罪にも対応可能であり、現場執行力と柔軟性は極めて高い。警察官と麻薬取締官、この両者が強く連携して薬物捜査に当たることが最も効果的であり、望ましい。それぞれが特徴を生かして任務を遂行するとともに、適宜《てきぎ》連携してより高い視点から捜査に当たっている。確かに現場レベルでは、多少のライバル心は芽生《めば》えるだろう。だが、これはむしろ望ましい話である。捜査官の士気を向上させ、捜査官を育てるのだ。私自身も、若い頃ずいぶんと競った記憶がある。お互いに刺激し影響し合いながら、相互の立ち位置を理解した。

加えて、捜査の網は、多様な視点から何重にも張り巡らせた方が網目が狭まり、こぼれは少なくなる。そういった側面からも、複数の捜査機関の存在は理に適《かな》っていると言える。

私は、右頁の表の通り、4機関の薬物取締りを「総合病院の役割分担」に喩《たと》えて理解している。私が厚生労働省出身だからというわけではないが、このように整理することで、意識上の分担が明確になる。関係各位から失笑される可能性もあるが、マトリOBの独り言として読み流してもらえばいい。若干《じゃっかん》解説しよう。

警察は全ての犯罪に対応可能で強大な組織であるところから、総合診療部門（多数の診療科を所掌）。看護部、事務局もそうだ。いわば病院の中枢と言えよう。税関は、放射線科医師等をはじめ、最新鋭の検査機器（MRI・CT等）を擁する総合検査部門ということになろうか。税関の検査なくして、疾患の診断と手術は不可能である。海保は、24時間出動可能な救急救命医師等とドクターヘリ・ジェット・ボートを擁する救急救命センターと言える。暴風雨の中、どのような現場にでも出動する訓練された隊員等は、素晴らしい戦力となっている。他方、マトリは、最先端の医療チームや稀少な麻酔・精神科医師、また、薬の副作用から分析化学までの知識を有する薬剤師を抱える薬剤科ということになろう。専門医にあっては、全国の病院を転々として多様な臨床現場を経験、また、同一研究に生涯を捧げるところから、手前味噌《てまえみそ》ながら、ときに稀代《きだい》のスーパードクターが生まれたり、輩出されることもある。いかがだろうか、読者には理解して頂けただろうか。

違法薬物は多種多剤が海外で生産され、続々と日本へ密輸されている。こういった事実や麻薬類の持つ特殊性を考慮すると、薬物の取締りは多様な視点からアプローチすることが肝要であり、再び述べるが、複数の専門機関の存在は理に適っているのである。市中の薬物犯罪捜査にしても、ときに競合し、必要に応じて協力する複数の捜査機関（日本の場合は、警察とマトリ）が存在した方が、前述した通り、それぞれの視点で多重の網を被《かぶ》せることが可能でこぼれは少なくなる。と同時に、問題を広範に捉えることができる。

薬物捜査の実態とは

読者のなかにも「麻薬取締部」という名称を耳にされたことのある方は少なくないはずだ。とはいえ、どのような組織なのか、その実態については知られていないと思う。

麻薬取締部、正式名称「厚生労働省地方厚生局麻薬取締部」は、麻薬等薬物の取締り（ここで言う「取締り」とは、捜査・行政の両方を含む）に特化した組織である。

ハリウッド映画にも度々登場する米国の麻薬取締局＝DEA（Drug Enforcement Administration）をご存知だろうか。映画「レオン」でジャン・レノ演じる殺し屋の主人公と敵対するのは、DEA捜査官役のゲイリー・オールドマンだ。また、アカデミー賞4部門を制覇した「トラフィック」にも、重要な役割でDEA捜査官が登場する。規模や権限、また活動のフィールドは全く比較にならないが、DEAの日本版が麻薬取締部と理解して頂ければいい。事実、私も短期間ではあるが、アメリカ国防総省の向かい側に位置するDEA本部や、米軍クアンティコ海兵隊基地に設けられたDEAの訓練施設「アカデミー」で学んだ経験がある。

日本における麻薬取締部は、札幌・仙台・東京・名古屋・大阪・広島・高松・福岡の8カ所に所在。さらに、沖縄（那覇）に支所を、横浜・神戸・小倉に分室を置いている。

そこで任務に従事するのが「麻薬取締官」である。麻薬取締官は「麻薬捜査官」と「麻薬行政官」という二つの顔をもった「麻薬等薬物取締りの専門家」だ。巷《ちまた》では「麻薬Gメン」や「マトリ」と呼ばれ、各麻薬取締部に配属されている。

一般に、犯罪捜査を担う組織として真っ先に思い浮かぶのは警察であろう。だが、前述の通り、麻薬取締部の所管官庁は、警察庁ではなく厚生労働省である。なぜ厚生労働省の傘下《さんか》に捜査組織があるのか。この点は麻薬取締官の仕事を知る上で重要なポイントなので、順を追って説明しよう。

その歴史は戦後間もない1946年に遡《さかのぼ》る。GHQの指令により、前身となる「麻薬統制官」が誕生。麻薬は合法的に医療活動に使われるところから、当時の厚生省の管轄《かんかつ》となった。50年に「麻薬取締官」と改称、2020年で70年目を迎える。麻薬取締官は次に挙げる薬物関連法に違反する罪について、刑事訴訟法に基づく特別司法警察職員（特定の分野に高度な知識・技能を有する司法警察職員）として捜査・情報収集活動を行っている。

①麻薬及び向精神薬取締法
②覚せい剤取締法
③大麻取締法
④あへん法
⑤通称・麻薬特例法（国際的な協力の下に規制薬物に係る不正行為を助長する行為等の防止を図るための麻薬及び向精神薬取締法等の特例等に関する法律）
⑥通称・医薬品医療機器等法（医薬品、医療機器等の品質、有効性及び安全性の確保等

に関する法律の指定薬物《危険ドラッグのうち麻薬に類似する精神毒性等が確認され、指定したもの》に係る部分）

以上の法律に基づく薬物犯罪捜査が、マトリの業務の7割方を占める。

麻薬取締官の薬物犯罪捜査は、「健康被害防止」と「治安対策」の両面から、統一した捜査方針のもと全麻薬取締部が一体となって進めており、その成果を国の薬物対策に反映させることを目的としている。そこで特徴として挙げられるのが、組織としての強固な一体感である。東京で大型事件が発生した場合、電話一本で全国から捜査員を集結させることなど日常茶飯事だ。

社会的影響の大きい重要事件が発生すれば、直《ただ》ちに捜査員を招集、特命チームを編成する。また「新種薬物」の乱用が確認されれば、全国一斉で実態調査を行う等々、機動性・広域性を生かし、目的意識を共有し、相当に高いレベルで組織が運営されている。

一方で、麻薬取締官には、捜査以外に医療用麻薬や向精神薬（睡眠薬・精神安定剤等）の監視・指導（コントロール）という行政官としての重要な業務がある。麻薬類は正しく用いれば医療上、極めて有用な反面、ひとたび乱用されると、乱用者自身の精神、身体に大きな障害をもたらすほか、各種犯罪の要因となるなど、社会全体、ひいては国家に対して計《はか》り知れない危害をもたらす。

たとえば、米国では近年、オピオイド鎮痛剤という医療用麻薬の乱用が深刻な社会問題となっている。過剰摂取による死亡者は年間3万人に上り、2017年10月にトランプ大統領が「これは国の恥であり、人類の悲劇だ」と対策強化を訴えたことは記憶に新しい。ちなみに16年4月、アメリカの人気歌手・プリンスが急死したが、その死因もオピオイドの過剰摂取と発表されている。

翻《ひるがえ》って我が国では、医療用麻薬の横流しや乱用が殆《ほとん》どなく、これは世界レベルで見れば奇跡のような話だ。これこそ麻薬取締官の取り組みの成果だと自負している。ただ、医療用麻薬は夥《おびただ》しい量が医療現場で使用されているだけに、一旦乱用が始まるとアメリカのように収拾がつかなくなってしまう。医療用麻薬の横流しや乱用の防止は、薬物犯罪捜査とともに、麻薬取締官に課せられた重要な任務である。

ここまで説明すれば、麻薬取締部がなぜ厚生労働省所管なのか、読者も理解できると思う。厚生労働省の行政は「ゆりかごから墓場まで」と言われるように、国民生活と密接に結びついている。その行政の一分野が医療であり、言うまでもなく医療には医薬品が不可欠。そして、医薬品のなかでも重要な位置を占めるのが麻薬なのである。麻薬類は、がんの疼痛《とうつう》緩和や麻酔等に幅広く使用されており、医療にとって欠くべからざる存在。麻薬取締部は、医療用麻薬であれ、密造麻薬であれ、その流通を監視し、そこから発生する多様な問題に対処する「専門家」として、厚生労働省に設置されているのだ。

麻薬取締官になるには

では、麻薬取締官にはどのような人がなるのか。

具体的には、①薬剤師又は薬剤師国家試験合格見込み者（薬剤師免許の取得が採用条件）、そして、②国家公務員一般職試験合格者のうちから面接採用している。私は薬科大学を卒業し、①からこの道を選んだ。薬剤師を採用するのは、麻薬取締官の業務を進めるうえで、薬物の作用機序（生体に効果を及ぼす仕組み）、体内代謝、または薬物の化学分析に関する専門知識が必要となるからだ。現在、規制薬物は2000物質を超え、しかも年々増加する一方である。新薬物の調査、分析のために一定数の薬剤師を配置する必要がある。無論、薬剤師でも厳しい捜査現場に出ることは間違いなく、昇進などにおいて特別扱いされることは一切ない。

薬剤師と一般職との割合は、現状では薬剤師が約65％、一般職が約35％。司法業務に携わるため、一般職採用では法律専攻者が多い。語学・経済学・電子工学等の専攻者も存在しており、それぞれが専門知識を存分に発揮している。近年では女性取締官も増加していて、全体の約2割を占めている。女性特有のしなやかさが組織の捜査能力を向上させているのも事実だ。尾行や張り込みのプロとして捜査現場の最前線で活躍するのはもちろん、すでに有能な捜査幹部まで誕生しており、期待は高まるばかりだ。

また、捜査を遂行《すいこう》する上で危険が伴《ともな》うこともある。「逮捕術訓練」や「拳銃訓練」はもちろん、昔ながらのＯＪＴ（On the Job Training）も継続しており、適性に応じた伝承教育を実施しプロの捜査官、いわゆる「本物」を育成している。私の経験からしても、「麻薬取締官スピリッツ」をすり込むにはＯＪＴが最も適当と言える。

前述のように麻薬取締部は「小さな組織」で、総員は概ね３００名。他の捜査機関とは比べ物にならないほど小規模だ。それどころか、「３００名」は小さな警察署の署員数と大差ない。しかし、麻薬取締官は日夜、全国津々浦々《つつうらうら》に鋭い観察眼を光らせている。

加えて、今後の薬物捜査は絶対に「世界」を知らなければならない。違法薬物は世界共通の敵。海外機関が主催する捜査専科研修にも参加させ、スキルの向上と人脈の構築を進めさせている。というのも、世界の麻薬（ここでは規制薬物全般のことを指す）市場が拡大の一途を辿《たど》り、同時に、密売組織のシンジケート化が急速に進んでいるからだ。

まずは麻薬の不正取引額の規模について記《しる》そう。

正確な資料はないが、国連等国際機関の調査結果や各国の分析資料から、その取引総額は優に50兆円を超えていると推計できる（１９９０年に国連は米国経済紙の分析結果を参考に「世界の薬物不正取引は約５０００億ドル［約50兆円］を売上げている」と推計）。ここでは、最低額を50兆円としてこの数字を考えてみよう。

日本国内の業界別規模ランキング（２０１５～16年の業界動向）を概観すると、卸売87兆円、電気機器83兆円、自動車68兆円（うちトヨタ28兆円）、家電67兆円、小売60兆円、金融60兆円、情報通信45兆円との数字が出てくる。世界の麻薬ビジネスの売上げは、既に国内の情報通信分野を超えている。

国家予算と比較するとどうなるのか。人口約1億人のフィリピンの国家予算（18年）を例にとると、３兆７６７０億ペソ（現在のレートで約8兆５００億円）。これは麻薬ビジネスの約6分の1に過ぎない。さらに、日本の名目ＧＤＰは4兆９３８６億ドル（16年）。現在のレートで換算すると約５４０兆円となり、世界第3位だが、麻薬ビジネスはその約1割に匹敵《ひってき》する規模なのだ。膨張《ぼうちょう》し続ける仮想通貨市場は17年に70兆円に達し、なかでもビットコインは半分近い約30兆円を占めた。つまり、麻薬不正取引額はビットコインの市場すら上回っているのだ――。麻薬産業はもはや、世界規模のビジネスとして確立されており、日毎に拡大しているとみて間違いない。

密輸された「貨物」の中身

ここで、いま一度、本章の冒頭で紹介した密輸事件について取り上げてみたい。現在の薬物犯罪がいかに国際・広域化し、手口が巧妙・複雑化しているかが理解できると思う。

事の発端は2011年11月。世界的にも薬物捜査で際立った実績を有するAFP(オーストラリア連邦警察)からの情報提供がきっかけだ。当初、我々のもとに届けられたのは、ベトナムから欧米各国やオーストラリアに向けて覚醒剤を密輸する組織についての情報だった。特筆すべきはそのやり口で、田畑を耕す農業用トラクターに覚醒剤を隠して密輸するという。しかも、日本もこの密輸と無関係ではなかった。

日本製のトラクターは耐久性に優《すぐ》れ、海外では中古品が高値で取引されている。主力の輸出先であるベトナムにはリコンディション(修理)工場も多く、ベトナムから第三国に再輸出するルートもある。国際的な密輸組織は、こうした自然な商取引に紛れ込ませて、トラクターを用いた覚醒剤の密輸を続けているというのだ。この時点で、我々はベトナム国籍のA、さらにアメリカ国籍のBといった、太平洋を股《また》に掛ける国際密輸シンジケートのメンバーを把握《はあく》することになった。

その後、12年夏になって「組織がベトナムからヨーロッパ経由で日本の博多港に覚醒剤を密輸したようだ」との情報が、AFPから寄せられた。

疑いを持たれた輸出元から輸入実績がある日本企業を調べたところ、佐賀県内に倉庫を借り上げている、Cという日本人の経営する会社が浮上。同社がオランダからロードローラーを輸入していたことも分かった。さらに、ロードローラーが日本に到着した直後にベトナム人のAと、アメリカ在住のBが、相次いで日本を訪れていて、Cとの接点も確認。加えて、輸入されたロードローラーは7月下旬にベトナムへと再輸出されていたのである。わざわざ国外から取り寄せた重機を1カ月足らずでベトナムに送り返すという不自然な取引。輸入した日本人とシンジケートのメンバーとの接点――。我々はこうした情報を積み重ね、「既に覚醒剤の密輸が敢行されていた」と判断したのだ。

そして、Cに関する捜査を進めているうちに再度、AFPから連絡が入る。曰《いわ》く、

「11月下旬以降に、同じ組織が日本への密輸を企《くわだ》てている」。12月上旬に博多港に容疑貨物が陸揚げ予定、とも。問題の「貨物」は、前回と同じくロードローラーだった。

この一報がもたらされたのは、私がベトナムのダナンでＡＦＰなどの幹部と捜査に関する協議をしている最中で、その場に緊張が走ったことを覚えている。

ＡＦＰのような組織が、薬物の密売に関する情報を他国に提供することは基本的にあり得ない。シンジケートにまつわる情報は極秘事項であり、それがひとたび外部に漏《も》れれば、数年越しの捜査が水の泡《あわ》となるばかりか、捜査員や協力者に危険が及びかねない。そのため、相手が捜査関係者であっても、信頼関係がなければ情報交換すら行わないのだ。

そこで、我々日本の麻薬取締部は薬物犯罪の国際化に対応するため、10年に特務チームを立ち上げ、戦略的な目標を掲《かか》げて海外の捜査機関との関係構築に努めた。その最初の成果が、ＡＦＰとの協力態勢が実を結んだ「ロードローラー事件」と言える。

「泳がせ捜査」を敢行

話を戻そう。12年12月上旬、日本人業者のＣが税関にロードローラーの輸入を申告。

それに合わせるように、ＡとＢがそれぞれ空路で来日することが判明した。

先に到着したのは問題のロードローラーだった。税関の特殊検査装置を用いたところ、ローラー内部に不自然な影を確認。翌日に工場へと運び込む手筈《てはず》となった。結果、冒頭で記したように、ロードローラーから108キロという大量の覚醒剤が発見されたのだ。

そして、ここから「マトリ」特有の捜査が始まる。ロードローラー内部から押収した覚醒剤をもとに通常捜査を続けた場合、密輸容疑で取調べられるのは日本人のＣだけで、組織の主要メンバーは入国すらしない危険性がある。事実、税関がＣに重機の引き渡しを数日延期すると告げたところ、ＡとＢはすぐさま飛行機の搭乗予約をキャンセルした。組織のメンバーが相当慎重に行動していることが窺《うかが》える。

そこで、我々は税関の協力を得て「ＣＤ（コントロールド・デリバリー）捜査」に踏《ふ》み切った。いわゆる「泳がせ捜査」である。これは1992年施行の麻薬特例法によって導入された捜査手法で、違法行為が発覚してもすぐには検挙せず、捜査員が監視を続けた上で犯罪の全体像を摑《つか》んでから検挙する。

この事件では、ＣＤ捜査のなかでも「ＣＣＤ（クリーン・コントロールド・デリバリー）捜査」が用いられた。つまり、敢《あ》えて税関検査を通過させたロードローラーが、組織の人間の手に渡ったところで一網打尽《いちもうだじん》にする。ただし、ロードローラー内の覚醒剤は代替物（この事件では〝氷砂糖〟）に入れ替えておく。これが「ＣＣＤ捜査」である。

たとえ監視体制が万全と思われても、捜査の現場に不測の事態はつきものだ。捜査のためとはいえ、大量の覚醒剤が一時的にでも街中に出てしまうことに危険性がないとは言えない。そこで、事前に内容物を入れ替えておくのだ。

だが、この説明に首を傾《かし》げる読者もいるのではないか。

組織のメンバーがロードローラーを掌中《しょうちゅう》に収めたとして、彼らが手にするのは覚醒剤ではなく、あくまでも「氷砂糖」だ。それでも彼らを罪に問うことなどできるのか。

結論から言えば、捜査員は氷砂糖を手にした組織のメンバーを逮捕することが可能だ。

ＣＣＤ捜査を規定する麻薬特例法８条２項にはこう記されている。

〈薬物犯罪（規制薬物の譲渡し、譲受け又は所持に係るものに限る。）を犯す意思をもって、薬物その他の物品を規制薬物として譲り渡し、若しくは譲り受け、又は規制薬物として交付を受け、若しくは取得した薬物その他の物品を所持した者は、二年以下の懲役又は三十万円以下の罰金に処する〉

つまり、実際には「その他の物品」であっても、それを「薬物犯罪を犯す意思をもって」取引した者は検挙の対象となるのだ。

こうした前提を理解してもらった上で話を続けよう。

この時のＣＣＤ捜査で捜査員が細心の注意を払ったのは、「覚醒剤の抜き取りに勘づかれないこと」だった。そのためには、ローラー内部に氷砂糖を入れた後、焼き切った正方形の穴を元通りに復元する必要があった。少しでも異変を察知すれば、神経質な組織のメンバーは来日すらしないだろう。

そこで、まず熟練の作業員が丁寧《ていねい》に穴を埋《う》めて溶接。次に、溶接の痕跡《こんせき》が目立たぬよう酸化剤等を吹きかけてサビを発生させ、周囲の鉄板に馴染《なじ》ませた。さらにコンクリートスプレーでコーティングして、見た目には全く穴の存在が分からなくなった。

こうして復元され、通関させたロードローラーは、Ｃの会社が借り上げた佐賀県内の大型倉庫に搬入される可能性が高いと考えられた。だが、他のルートがないとは言い切れないため、不測の事態に備えて全国の麻薬取締部に待機要請を出した。そして、24時間体制で組織のメンバーとロードローラーの監視を行っていると、ベトナム人のＡとアメリカ人のＢがそれぞれ関空と成田空港に向けて出発することが分かった。その情報を受けて、私は関東及び近畿の麻薬取締部に、入国直後からの行動監視を求めた。

まもなく、訪日したAとBは新幹線などを乗り継いで一路、博多駅に向かう。そして、駅前のホテルに〝飛び込み〟で宿泊した。その後、Bはカナダ国籍の外国人Dと接触し、駅前の商業ビルで大型のスーツケースを三つ購入。続けて懐中電灯も購入している。宿泊先のホテルだけでなく、懐中電灯や、覚醒剤の運搬に用いるスーツケースまで現地調達する。足がつかないよう警戒に余念がない。だが、あまりにも徹底した行動ゆえに、捜査員の目には密輸のプロフェッショナルであることは疑いようがなかった。

彼らは博多駅周辺で長身の白人Eとも接触している。後に判明したのは、Eがセルビアマフィアの関係者だったことだ。日本人のCを含め、最終的に5人となった密輸グループは、別々のルートを辿《たど》ってCが借り上げた貸倉庫に向かった。

「動くな！　フリーズ！」

ほどなくして、メンバーのうち3人が倉庫内に足を踏み入れる。この時、麻薬取締部の捜査員は秘密裏に倉庫を取り囲んでいる。緊迫の瞬間が訪れようとしていた。

メンバーが倉庫に入ってから1時間後、「動くな！　フリーズ！」という怒声と共に二十数人の捜査員が倉庫内に雪崩《なだ》れ込んだ。国際的な密輸シンジケートが相手なので、

「ロードローラー作戦」で倉庫に雪崩れ込む麻薬取締官たち

当然ながら捜査員は拳銃を携行のうえ、防弾チョッキを身につけている。最悪の場合、人命にかかわる現場だった（上の写真）。

だが、事態は意外な展開を見せた。

捜査員が踏み込むと、組織の３人はスッと両手を挙げたのだ。呆気《あっけ》ない幕切れと言うこともできるだろう。確かに、相手が覚醒剤を常習するチンピラであれば、刃物を振り回して抵抗したかもしれない。しかし、彼らは世界中で薬物を売り捌《さば》く犯罪組織のメンバーである。日本では考えられないが、海外では、薬物事件の容疑者が下手《へた》に動けば、その場で射殺されるケースも珍しくない。彼らはそうした現場を数多く踏んでいたため、反射的に両手を挙げたのだろう。

現場に持ち込まれたスーツケースからは、解体用の工具や金属加工物の表面を削《けず》り落とすグラインダーなどが見つかった。そして、ロードローラーを確認すると、我々が工場で解体した際には見当たらなかった「穴」が発見されたのである。実は、ローラー部分には内部を点検するための穴がもともと空いていて、彼らはそこから覚醒剤を挿入していたのだ。我々がそれに気付けなかったのは、組織がその穴に金属片を埋め込んで溶接し、しかも、塗装を施《ほどこ》して巧妙にカモフラージュしていたからだった。

計画通り、ロードローラーと対面を果たした彼らはグラインダーで塗装を落とし、金属片を取り除いて中身を取り出した。しかし、手にした覚醒剤の様子がおかしいことに気付き、慌《あわ》てて倉庫を立ち去ろうとしたところを我々によって検挙されたのである。

さらに、高速道路を走っていたCとAもまもなく捕捉。計5人を逮捕するに至った。

結局、C以外の4人が起訴《きそ》され、主犯格のAとBは営利目的の密輸で懲役18年、罰金800万円の判決が下された。しかし、カナダ国籍のDとセルビア国籍のEについては倉庫での「代替物所持」しか認められず、執行猶予《しっこうゆうよ》付き判決の末、国外退去処分になった。一方、我々の逮捕劇を受けてAFPはオーストラリアで組織のメンバー1人を逮捕し、国内の関係箇所を一斉捜索している。米国でもDEAが関係者宅等に突入。その他の国も順次動きだした。

日本で逮捕された犯人グループの国籍だけを並べても、アメリカ、カナダ、ベトナム、セルビア、そして日本と5カ国に上る。こうした多国籍のメンバーが薬物密輸に絡《から》んでおり、しかも、我々の捜査によれば5人それぞれに明確な役割が付与されていた。

今回の事件における覚醒剤の供給元はヨーロッパの可能性が高い。そのため、セルビアマフィアの関係者Eは「見届け役」として参加したと考えられる。その他、ベトナム人のAは「手配役」、カナダ人のDは「運搬役」、アメリカ人のBは「仲介役」、そして日本人のCは「案内役」と推測される。メンバーの国籍や居住地はバラバラなのにもかかわらず、明確な役割分担がなされ、その行動も極めて機動的だった。

「ロードローラー事件」の国際合同捜査

我々は、この「ロードローラー事件」を〈国際薬物シンジケートによる覚醒剤密輸入事件〉と命名し、九州麻薬取締部に捜査本部を設置して捜査を進めてきた。一方で、関係各国の間では、この事件に「Operation W」（仮称）との作戦名が付けられていた。AFPが名付け親である。国際捜査ではよく作戦名が付けられる。特殊任務における目的意識を表したものだ。「Operation W」の意味するところは、「世界を股に掛ける犯罪組織を叩《たた》き潰《つぶ》す」、このように理解してもらえばいい。

作戦名を知って、マトリ捜査官の士気は俄《にわ》かに沸《わ》き立った。民間ならば、重要な国際プロジェクトのチームメンバーに抜擢《ばってき》されたとの意識だろう。作戦名を付すことは目的意識を共有するためにとても効果的だ。とりわけ、国際合同捜査では「各国の意識を統一するために絶対に必要である」と、このとき改めて感じた。

事件が一段落してから、私はAFP本部（キャンベラ）及び、作戦本部が置かれていたブリスベン管区本部を訪ねた。友人の本部長のみならず、現場の捜査官多数が大歓迎してくれた。次々と笑顔で握手を求めてくる。なかには、旧友と再会したかのようにファーストネームで呼んでくる者もいた。

国際会議のロビー外交や表敬訪問では、稀《まれ》にしか見られない光景ではなかろうか。夜にはみながホテルに訪ねてきて、捜査の自慢と武勇伝に花が咲いた。あまりにも打ち解けた雰囲気に、「マトリの事件打ち上げ」と錯覚《さっかく》してしまったほど。「まさに現場だ。この繋《つな》がりが最も重要だ」と、年甲斐《としがい》もなく感激したのを覚えている。

彼らには国際的な視野というか、世界観のようなものも感じた。オーストラリアと日本では違法薬物を取り巻く環境が全く違うが、彼らは国際合同捜査を進めなければ薬物から国を守れないと身体で理解している。これには驚いた。

いずれ日本も欧米並みに薬物に汚染される危険性がある。今でさえ、覚醒剤や危険ドラッグでは世界から狙われている。備えを強化し、麻薬取締官の意識をより高めなければならないとの思いを、この時、深く胸に刻《きざ》み込んだ。

また、オーストラリアのニュース報道にも感心させられた。「オーストラリア及び日本の麻薬取締当局が連携して国際薬物シンジケートを摘発」「記録的な覚醒剤の大量押収は、オーストラリアと日本の協力によるものである」と、オーストラリアでは両国及び関係各国の連携を前面に出して事件を評価していた。つまり、オーストラリアのマスコミは薬物捜査における国際連携の重要性を既に承知しており、ブツの押収量よりも、稀代の連携捜査を絶賛していたのである。これはとても新鮮であった。国民に危機的な事情を周知し、より警戒感を強めてもらうためにも、今後は世界情勢、また国際連携の実態を積極的に広報し、理解を求めていかなければならないだろう。

次章では、我が国の違法薬物事情についてさらに深く解説したい。

第2章　「覚醒剤の一大マーケット」日本

毎年「約243万人」も増える薬物使用者

前章でも触れた通り、全世界の麻薬の取引総額は50兆円規模に膨張《ぼうちょう》したと推測される。では、これほどまでに市場規模が拡大した要因はどこにあるのだろうか。

一つには薬物使用者の増加が挙げられる。UNODC（国連薬物・犯罪事務所）は2014年に公表した「世界麻薬報告書」のなかで、全世界の約2億4300万人が、「少なくとも前年に1回は違法薬物を使用している」と推定している。しかも「薬物使用者の増加率は、世界の人口増加率と同程度」と分析。当時の世界の人口増加率は1・18%なので、わかりやすく1%と見れば、薬物使用者が約2億4300万人なら、毎年「約243万人」の新たな使用者が生じていることになる。これは机上論に過ぎないが、恐ろしい数字には違いあるまい。

また、乱用薬物（商品）の「多剤化」、それに伴って多数の薬物に溺《おぼ》れる使用者が増えたことも市場規模拡大の要因と言えるだろう。

近年になって、ヘロインやコカインなどの伝統的な薬物に加え、覚醒剤、NPS（New Psychoactive Substances：新精神活性物質、日本での呼称は「危険ドラッグ」）といった「多種多剤」が世界中の麻薬市場に送り込まれるようになった。それを助長しているのが、膨張するダークウェブと仮想通貨の出現だ。ダークウェブとは、一般的なネット検索エンジンでは見つからず、匿名化《とくめいか》ソフトを用いてアクセスする隠されたネット空間のことだ。多少のIT知識さえあれば、ダークウェブを通じて世界中どこからでも、それこそネット通販を楽しむように好みの薬物を発注することができる。代金決済に仮想通貨を用いるなど、ひと昔前には想像もできなかった事態だ。こうした環境にあると、世界中の若者たちが好奇心を煽《あお》られ、「多剤乱用」へと突っ走ってしまう。

加えて、薬物市場の規模拡大における最大の理由と考えられるのは、薬物犯罪組織の多国籍化・サプライチェーン化だろう。かつての密売・密輸組織は絶えず衝突を繰り返してきた。しかし、現在は血で血を洗う抗争よりも、協調して利益を上げることが好まれるようになった。組織間には合法企業並みの連携が生まれ、その動きは益々活発化している。先述した通り、もはや麻薬ビジネスは「一大産業」として確立された印象を受ける。こうした状況に至った背景には、薬物の供給増がある。とりわけ、麻薬がテロ組織の資金獲得手段になっている点が、事態をさらに混迷させている。

「〝戦争〟だ」

今も激しい内戦が続くアフガニスタンでは大量のヘロインが製造されており、原料となる「あへん（植物のケシから抽出する）」の生産量が記録的に増加。2017年には約9000トンに達した。これは前年比87％の増加であり、アフガニスタンが世界中のヘロインの供給をほぼ独占する勢いである。ヘロインの売却益は世界的なテロ組織の資金源となり、各国のテロ活動を下支《したざさ》えする危険性があると国連は警告している。アフガニスタンに赴任している知人の米国捜査官は、私にこう語った。

「我々がやっていることは取締りではない。〝戦争〟だ」

いかがだろうか。日本人にはイメージし難《にく》い話だが、これが麻薬を巡る世界の実情だ。麻薬市場の拡大、そして、世界中で進行する薬物汚染。情勢は逼迫《ひっぱく》している。これが決して対岸の火事でないということを、読者にも是非理解して頂きたい。

基本的に日本の薬物情勢は欧米諸国の縮小版と考えてもらえばいい。しかし、そうした国々と比べて、大きく異なる点がひとつだけある。

それは覚醒剤だ。

確かに、日本でも欧米諸国と同様に多くの薬物が出回っている。だが、実際に使用される薬物は覚醒剤が圧倒的に多い。日本では、犯罪組織が密輸・密売する薬物も覚醒剤が大半を占める。また、薬物事件の検挙者のうち80％は覚醒剤事犯だ。こうした状態が昭和40年代以降、ずっと続いている。我々麻薬取締官ですら、何の疑いもなく「薬物捜査のターゲットといえば覚醒剤」と考え、追い続けてきた。

しかし、意外に思われるかもしれないが、そのような国は少数派だ。欧米をはじめ世界各国ではヘロインやコカイン、大麻などが伝統的な薬物として蔓延している。日本のように覚醒剤が中心的な存在という国は極めて稀《まれ》なのだ。ちなみに、ドゥテルテ大統領が麻薬撲滅戦争に乗り出したフィリピンでは、覚醒剤を「シャブ」と呼ぶ。日本のスラングが他国でそのまま流用されるほど、覚醒剤は我が国との結びつきが強い。

そもそも、覚醒剤（メタンフェタミン）は日本で初めて合成された有機化合物だ。第二次大戦中には、眠気を除去し集中力を高めるという理由で軍に重宝《ちょうほう》されてきた。また、ヒロポン等の商品名で強壮剤として市販されたことで、終戦後の混乱した社会情勢のなか多くの中毒者が生まれ、悲惨な事件・事故が頻発《ひんぱつ》。社会問題となったことで、1951年に覚せい剤取締法が制定されたのである。だが、一旦は沈静化したものの、60年代後半に入ると、海外で密造された覚醒剤を暴力団が資金源として密売するようになる。これ以降、覚醒剤は日本の乱用薬物の「王道」を歩み続けてきた。

そして現在、日本には世界中から膨大《ぼうだい》な量の覚醒剤が密輸され、かつてない薬物汚染の激流に呑《の》みこまれようとしている——。

その実態をお伝えする前に、まずは覚醒剤が乱用者の人生をどれほど狂わせ、その家族や周囲の人々を絶望に追いやるかについて、私の経験を踏まえて述べておきたい。

「逃げるとシャブが貰えない」

薬物乱用を繰り返して依存症に陥ると、強烈に薬物を渇望《かつぼう》するようになり、自らの意思では歯止めが利《き》かなくなる。当然ながら、薬物を購入するには資金が必要だ。覚醒剤の場合、日本の末端価格は世界でも指折りの高さであり、常習者は年間200万〜300万円を注《つ》ぎ込まざるを得ない。相当な資産家でもない限り、すぐに資金は底をつくだろう。それでも覚醒剤と手を切れないと、家族に金を無心《むしん》し、ヤミ金に手を出す。友人・知人を騙《だま》すだけでなく、泣き落としに恫喝《どうかつ》、暴力まで振るうようになる。そのうちに性格まで変貌《へんぼう》を遂《と》げ、性秩序も大きく乱れていく。

息子や娘が覚醒剤に嵌《は》まった場合、家族はたまったものではない。繰り返し騙され、繰り返し傷つき、その度に打ちのめされる。

「説得して入院させたんですが、退院するとまた手を出しました。このままでは家族が崩壊します……」

そんな惨状を訴えてくる親は決して少なくない。同じ親や妻から2、3年毎《ごと》に相談を受け、その度に同じ息子や夫を二度、三度と逮捕したこともある。

同時に、使用者本人も苦しみ続けるのだ。「いますぐにでも止《や》めたい」と考え、シャブをゴミ箱に投げ捨てたが、慌ててゴミをかき分けてまた拾い上げてしまう。

「寂《さび》しい。また、シャブのスイッチが入りそうだ。もう死にたい……」

深夜にそんな電話を受けて必死に説得し、病院へと連れて行ったことは数知れず。とはいえ、彼らが完全に立ち直れるかどうかは我々には分からない。そこから先は、別の行政や精神医療の領域であり、捜査官の仕事の範疇《はんちゅう》を超えている。ただ、余談だが、薬物依存症から立ち直った元乱用者の周辺環境は押し並《な》べて明るい。彼らに必要なのは家族をはじめ周囲の支えであり、孤立させないことが社会復帰への第一歩となる。

一方、覚醒剤がもたらす妄想《もうそう》は凄惨《せいさん》な二次犯罪も引き起こす。妄想にはいくつかの種類があり、たとえば、妻や恋人が浮気をしていると疑い出すのは嫉妬《しっと》妄想。他にも、「誰かに狙われている。俺を殺しにくる。マトリが電波攻撃を仕掛けている！」といった被害妄想、「監視されている。マトリが天井から覗《のぞ》いている！」等と信じ込む注察妄想などがある。

大阪を管轄する近畿厚生局麻薬取締部に勤務していた頃のこと。取締部には頻繁《ひんぱん》にシャブ屋（覚醒剤密売人）の情報が寄せられた。我々は平場《ひらば》事件（密輸ではない市中の密売事件）の処理に追われていたが、ヤクザ崩れの密売人Ｐの潜伏先に関する情報が入った。Ｐは覚醒剤事件で刑務所への出入りを繰り返す、いわゆる「懲役太郎」だ。

早速、令状を取得してＰの住むアパート付近で監視態勢を敷き、捜索の機会を窺《うかが》った。するとまもなく、近隣のビルの屋上に配置した監視班から一本の無線が入った。

「ベランダの窓が開いています。女もいますね。男が怒鳴《どな》っている様子。女は……、裸です。あっ！　いま女が殴《なぐ》られました！」

被疑者に同棲中の女がいることは把握していた。内偵捜査の段階でも、アポロキャップを被《かぶ》り、サングラスをかけた女が男と一緒に外出するのを捜査員が確認している。その女が「殴られた」という無線を聞いて、私は「危ない！」と感じた。覚醒剤で見境《みさかい》のなくなったＰが本気で暴《あば》れ出せば、命の危険すらある。

私が「突入」を指示するや、マトリの捜査官が玄関とベランダから室内に雪崩《なだ》れ込《こ》む。そして、暴れる男に令状を示し、室内で発見した覚醒剤の所持容疑で逮捕した。

無線での報告通り、この時の女は全裸《ぜんら》である。頬は痩《や》せこけ、顔中が痣《あざ》だらけ。その上、髪は丸坊主だった。アポロキャップにサングラスという外出時の格好は、変装というよりも、この酷《ひど》い顔を隠すためだったのかもしれない。

女を保護して事情を聞く。

「Ｐは私が浮気していると突然言い出して……。いくら〝絶対にしてへん！〟と訴えても全く信じてくれなかった。Ｐが外出するときは、全裸にされて外に出られない。しまいにはハサミで丸刈りにされた。今日も〝正直に言わんかい！〟と、激高《げきこう》されて思い切りぶん殴られた」

なぜ地獄のような部屋を出て、助けを求めなかったのか。そう尋《たず》ねると女は「見つかったら何をされるか分からないから」と言いつつ、「逃げるとシャブが貰《もら》えなくなる」

とも口にしていた。詰まるところ、この男女を繫《つな》ぎとめていたのは覚醒剤と暴力だけだったわけである。実に悲しい話だ。

他方、次第に冷静さを取り戻したPはこう語った。

「あいつには悪いことをした。シャブを食い過ぎて（使用し過ぎて）ワシがおかしくなってたのかも知れへん。ただの勘《かん》ぐりかもしれん。いや……、やっぱり浮気しとる！」

中毒症状が進行したせいで、落ち着いて話しているように見えても妄想と現実の区別がつかない。結局、Pは最後まで女の浮気について半信半疑のまま、何度目かの懲役に行ってしまった。

〈見つけたらコロス‼〉

ある写真がある。マトリの捜査官が覚醒剤事件の逮捕現場で撮影した一枚の写真だ。次頁を見て頂きたい。この時に逮捕した、被害・嫉妬妄想症状を呈《てい》している男が、逃げた（男の暴力から避難した）妻に向けて書いた文である。

襖《ふすま》三面にわたって、妄想が書き殴られているのだ。

〈おまえは、俺、家、ネコ、イヌ　これを捨てた！　このうらぎりもの‼　自分勝手も

襖三面にわたり、妄想が書き殴られている覚醒剤中毒者の家

ここまでだ!! おまえはコロス〉
〈よくも俺から子供をとったな!! おまえは見つけたらコロス!! 子供は親なし おまえのせい〉

これこそが二次犯罪の「入り口」である。ここで止《と》めていなければどうなっていたか。それは誰にでも想像がつくはずだ。

私と同世代以上の読者ならば、1981年の「深川通り魔事件」を覚えているだろう。覚醒剤中毒の男が東京・深川の路上で主婦らを包丁で次々と刺し、4人が死亡、2人が怪我を負った。男は主婦らを刺した後、通行中の女性を中華料理店に連れ込み、2階に立て籠《こも》った。女性が逃走したのを機に警察官が突入し、包丁を振り回して暴れる男を取り押さえ逮捕している。

　事件の公判で裁判長は、

「犯行当時、被告人は覚醒剤中毒による心神耗弱《こうじゃく》状態にあった」

としながらも、刑事責任能力は問えるとして無期懲役の判決を言い渡している。裁判中に傍聴人が「俺にも聞こえる、電波が！」と叫び、退廷させられたことも有名だ。

　この事件は、覚醒剤使用者が起こした象徴的な事件として忘れることができない。ノンフィクション作家の佐木隆三氏が『深川通り魔殺人事件』を執筆し、私も現役時代に読んだ覚えがある。

　さて、こうした覚醒剤を巡る凄惨な事例は過去の話なのだろうか。

　答えは〝否《いな》〟だ。むしろ現在の日本は、いつ薬物中毒者による重大事件が起きても不思議ではない、極めて危険な状態にある。それを裏付けるのが覚醒剤の押収量だ。

　2016年に過去最高となる約1・5トンに達した押収量は、19年も1トン超えを記録。4年連続で押収量が1トンを突破する、未曾有《みぞう》の事態に直面しているのだ。15年以前の数年間は、大規模摘発のあった年を除くと、概ね300〜400キロ台で推移していたため、押収量が「激増」したことは明らかだ。

では、なぜ覚醒剤の押収量は急増したのか。その点について順を追って説明しよう。

日本は絶好の「覚醒剤市場」である

①まず重要なのは日本における覚醒剤の「価格」である。

覚醒剤1グラムあたりの末端密売価格は現在6万〜7万円。世界中のどこを見渡しても、覚醒剤がこれほど高値で取り引きされている国はない。品薄時には10万円まで跳《は》ね上がることもあるが、これは東南アジア各国の相場の5〜10倍に匹敵する。そして、複数の暴力団組織が暗黙のカルテルを結び、昭和40年代からこの価格が維持され続けてきた。1990年代初頭にイラン人グループが小売りに参入してきたが、彼らもこの相場に沿った価格で販売している。覚醒剤を購入する客も価格には一切文句を言わないため、「高値安定」の状態が保たれている。

他方、密輸価格はこれまで1キロ1000万円程度だったが、ここ数年で1キロ500万〜700万円まで下落している。輸入価格が下がったとしても末端の密売価格に変動はほとんどない。当然ながら、輸入価格が下がれば下がるほど暴力団組織が手にする利益は膨《ふく》れ上がる。加えて、海外密輸（仕出し側）組織の現地での仕入れ価格は1キロ数十万円に過ぎないため、大規模密輸に成功すれば、密売者等の懐《ふところ》に莫大《ばくだい》な利益が転がり込むことが容易に推測できる。

②次に、日本の覚醒剤需要は一般の方が想像する以上に多い。

覚醒剤事件による検挙者数こそ年間1万人程度だが、実際の使用者はその20倍に上るだろう。いや、もしかしたらその程度では済まないかもしれない。50倍と推定している情報分析官もいる。薬物と無縁の方は驚かれると思うが、それほど覚醒剤は日本人に浸《しん》透《とう》しており、とても「身近な存在」とさえ言える。薬物事件に通じた一流の捜査官であれば誰もがそう実感している。

③こうした事情から、世界中の薬物犯罪組織は、日本を「アジア及び太平洋地域最大の覚醒剤マーケット」と捉えるようになった。つまり、「日本に覚醒剤を持ち込めば必ず売れる。しかも、どこよりも高値で」という共通認識が出来上がったのだ。

また、犯罪組織にとって好都合なのは、ヘロインやコカインと異なり、覚醒剤は原料となる植物の栽培《さいばい》が必要なく、化学原料さえ入手できれば世界中どこでも製造可能な点だ。仮に化学原料が手に入らなくても、それこそ感冒薬《かんぼうやく》（風邪薬）から原料のエフェドリンを抽出《ちゅうしゅつ》して製造することも可能である。要するに、覚醒剤は犯罪組織が最も手を出しやすい薬物と言える。その一方で、製造には一定の技術が必要であり、精製過程で特有の臭いが発生するため、日本国内で密造するのはリスクが高すぎる。そのため、日本の暴力団は覚醒剤の供給をすべて海外に依存しているという事情もある。

ここで、①から③を踏まえて、改めて要点を整理してみよう。

まず、日本では暴力団の関与によって覚醒剤が安定的に高値で取引されている（①）。そして、日本には未《いま》だ検挙されていない隠れた覚醒剤使用者が数多くいる（②）。そうした状況に加え、覚醒剤は密造が容易なため、海外の犯罪組織はこぞって日本の「市場」を狙うようになった（③）。結果として、台湾や香港、中国といった従来の密輸組織はもちろん、最近ではベトナム、メキシコ、西アフリカ（ナイジェリアなど）、イラン、アメリカといった数多くの海外の組織が日本に向けて覚醒剤を「供給」するようになり、これが押収量の激増に繋がっていると考えられる。

最大の問題は、各国の犯罪組織が互いに争わず、日本から利益を巻き上げるために一致団結し始めたことである。組織がそれぞれの得意分野を活かして連携し、大規模な密輸計画を企てる。前章で触れた「ロードローラー事件」のように、世界中の「プロ」が国境を越えて結託するわけだ。

加えて、日本の暴力団を窓口とせず、独自に覚醒剤を密輸・保管し、需要に応じて卸《おろ》し売《う》りを行う組織さえ現れ始めている。捜査員の立場から言えば、窓口が明確な方がまだ手段を講じやすい。だが、密輸組織が個別に売買ルートを確立すると、それぞれを割り出し、全体像を把握するためには桁違《けたちが》いの労力が必要となる。

「ラブコネクション」

こうした海外の密輸組織による怒濤《どとう》のような攻勢に、麻薬等薬物の取締りを専門とするマトリは、どう対処しているのか。実際に起きた事件をもとに解説していこう。

これから紹介する事件で密輸組織が利用したのは、「女性の恋心」に他ならない。

我々は、この密輸手法を「ラブコネクション」と呼んでいる。

犯行の手口はというと、まず、組織のメンバーがインターネットを通じて女性と知り合い、言葉巧みに信頼関係を築く。そして、恋人気分に浸《ひた》っている女性に、薬物を隠した国際荷物（郵便・宅配便）を受け取らせる。そうして「密輸」した薬物を、相手に悟《さと》られぬように回収する。そのため、女性は荷物の中身が薬物とは知らないことが多い。

要は、恋愛感情や親切心を利用して女性に密輸の片棒《かたぼう》を担《かつ》がせるわけである。

この卑劣《ひれつ》な手法は、ナイジェリア人を中心とするアフリカ人薬物密輸組織「African DTOs（African Drug Trafficking Organizations）」が、アジアやヨーロッパで頻繁に用いる。他の密輸手法と異なり、膨大《ぼうだい》な国際郵便等に紛れ込ませるため、途中で発見されたり、受け渡しの現場を押さえられたりする危険性が少ない。また、利用された女性の多くは組織と無関係なので、捜査を進めても組織まで辿《たど》り着くことが難しい。

それでは、「ラブコネクション」を巡るマトリとアフリカ人組織との攻防について記していこう（ただし、今後の捜査への影響等を考慮し、また、関係者のプライバシー保護と安全確保のため、地名や名前などは変えてある）。

２０１６年夏、日本人女性のアキ（27）は、インターネットの海外婚活サイトでアメリカ人を自称するジョンと知り合った。

〈12月には日本へ行く。君とクリスマス・イブを過ごしたいんだ。君に会いたい〉

などと、ジョンは甘い言葉を繰り返しメールで送ってきたという。アキは未だ見ぬジョンに淡《あわ》い恋心を抱くようになった。

そんなある日のこと。ジョンからこんなメールが届く。

〈アジアを旅行中のマイクという親友が、来週、東京へ行くんだ。彼に荷物を送りたいんだけど、バックパッカーで安宿を転々としているから受け取れない。悪いけど代わりに受け取って、渡してくれないか。彼が最寄《もよ》りの駅まで取りに行くから〉

この時、すでにジョンを信じ切っていたアキは、〈ええ、いいわ〉と、二つ返事で彼の頼みを引き受けてしまった。

まもなく、マトリに情報が寄せられる。関係機関から麻薬取締部に通報が入ったのは11月初旬のことだった。タイ国から送付されたEMS（Express Mail Service＝国際スピード郵便）の中に、菓子箱などに分散して覚醒剤が隠匿《いんとく》されていたのだ。覚醒剤の総量は約1キロ。EMSを用いた密輸としてはかなり大量だ。末端価格も6000万円は下らないだろう。少なくとも、一個人が自己使用のために手配する量ではない。この密輸に大規模な組織が関与していることは容易に推測できた。

EMSの名宛人《なあてにん》の欄には「アキ」、差出人は「ジョン」と記されていた。

我々は「泳がせ捜査」、なかでも中身を無害物にすり替えて追跡する「CCD（クリーン・コントロールド・デリバリー）捜査」に踏み切ることとした。

捜査員はまず名宛人である「アキ」の周辺捜査を進めた。分かったのは、アキがごく普通のOLということだった。前科の類《たぐい》はなく、住居はさいたま市内の小綺麗《こぎれい》なワンルームマンション。地域環境も良く、暴力団や半グレ集団のような連中との付き合いもない。

「彼女は単なる受け取り役でしょう。フタを開けてみなければ分かりませんが、組織に利用されている可能性が高いと思います」

ベテラン捜査課長はこのように事件を見立てた。つまりは「ラブコネクション」の疑いが強いということだ。ほどなくしてアキのマンションに、中身をすり替えた荷物が配送された。当然ながら、捜査員は遠巻きにマンションを監視している。そして、捜査員の視線の先に、配達員から荷物を受け取るアキの丁寧《ていねい》な対応が確認できた。

我々は直《ただ》ちにマンションに踏み込むことはせず、彼女が荷物を組織の構成員に手渡す、あるいは、構成員が受け取りに来たところを捕捉する方針を決め、24時間体制の監視捜査をスタートさせたのである。

ところが――。それから1週間が過ぎても全く動きがない。

アキは朝7時半に自宅を出て職場に出勤し、午後8時には帰宅するという規則正しい生活を送っていた。同僚と夕食を摂《と》る以外には特別な行動もない。休日に友人が訪ねて来ることもない。質素な外見や派手《はで》さのない日常生活から判断するに、極めて真面目《まじめ》で、薬物とは無縁の健康的な女性に思えた。

マトリのお家芸捜査

とはいえ、捜査対象に「動きがない」状況は最もストレスが溜《た》まる。次第に捜査員の間にも苛立《いらだ》ちが募《つの》ってきた。そこで担当課長は、

「おそらく彼女はまだ〝荷物〟を開けていません。相手からの連絡を待っているのでしょう。彼女は裏の事情を知らない可能性が高いと思います。犯行がアフリカ勢によるものなら、〝CD捜査〟を警戒して、当分は彼女に保管させたままにするかもしれない。ここで進展させましょう」

私はこの英断を了承した。

すぐに、アキのマンションを麻薬取締官が訪ねる。

「えっ！　どういうこと？」

アキは驚愕《きょうがく》の表情を見せた。捜査員が事情を説明すると、アキは部屋の奥から荷物を取り出して来た。予想通り、荷物は開披《かいひ》されていない。自宅には関係証拠品も一切ない。

アキは捜査員の説得に応じて、前述の通り、ジョンとの交際の経緯を詳しく明かしてくれた。ジョンのフリーメールのアドレスに「荷物を受け取った」と連絡した、とも。さらに、ジョンに言われるがまま、携帯電話の番号と、自宅から最寄りの駅まで教えていた。その際、ジョンは、こう伝えてきたという。

〈ありがとう。今週中にマイク（親友）から電話が行く。荷物を渡してほしい〉

この時点で我々は、本件をアフリカ組織による「ラブコネクション事件」と判断した。

アキは覚醒剤の受け取り役に仕立てられたことを理解し、捜査員の前で号泣《ごうきゅう》。「なぜ？　信じられない……」と肩を震《ふる》わせ、力なくうなだれてしまった。

罪のない女性が涙する場面に立ちあうと、たとえベテラン捜査員といえども感情が入る。何とか組織の構成員を逮捕しなければと考えた我々は、時を置かずに次の一手を打つことにした。その一手とは、〈利用された女性（アキ）に代わって、女性の麻薬取締官を投入する〉ことである。ここからマトリのお家芸《いえげい》捜査、つまり、「ある種のおとり捜査」が開始された。詳細は述べられないが、もちろん正当な手続きに基づいた捜査である。

抜擢《ばってき》したのは、冷静な性格で、突発的な事態にも臨機応変に対処できる中堅のＪ取締官である。私が信頼を置く優秀な女性取締官だ。

そして、11月も終盤に差し掛かった頃、アキの携帯電話に着信が入った。マイクと名乗る男だった。通話口越しにJ取締官の耳に聞こえたのは、たどたどしい日本語混じりの英語。その英語にも強い癖《くせ》があり、とてもネイティブとは思えない。

何度かの交信の後、翌々日の午後1時にJR高崎線のK駅で荷物を受け渡すことになった。

当日は十数名の麻薬取締官がK駅構内外に潜んだ。J取締官は荷物を持って改札口の外で待機。午後1時過ぎ、ホームで張り込み中の捜査員から無線が入った。

「黒人男1名を確認。付近を警戒している。目標の可能性あり。携帯電話を手に改札口に向かっています」

現場に緊張が走る。それと同時に、アキの携帯電話にも着信が入った。

「K駅いる。どこどこ?」

「マイクさんですか」

「そうそう、マイク」

「改札口、ticket gate にいます」

「はい、ＯＫ」

すぐに、屈強な黒人男が改札口に向かって歩いてきた。ときに振り返り周辺を警戒する様《さま》は、とてもバックパッカーには見えない。六本木のクラブの用心棒といった風貌《ふうぼう》だ。

荷物を手にしたＪが改札口に近づく。それに気づいた男は「アキさん！」と声をかけてくる。これにＪは頷《うなず》きながら「ハイ！　マイクさん」と返すと、男は「はいはい」と答えた。Ｊと男は改札口の脇《わき》に回りフェンス越しに接近。この段階でも笑顔を絶やさない辺り、Ｊはさすがプロである。

男は「Thank you!」と言いながら手を差し出してくる。Ｊは「ジョンによろしく」と伝えながら荷物を手渡した。男は和《なご》やかに「Thank you!　はい、ジョンね」と応《こた》え、荷物を手にする。Ｊは微笑《ほほえ》みながら「Bye」と手を振って踵《きびす》を返した。

これを合図に、周辺で待機していた捜査員が男を一斉に取り囲む。男は咄嗟《とっさ》に荷物を捨て、捜査員に体当たりして逃げようとするも、機敏な捜査員たちが身体を張ってブロック。無事に男の身柄を押さえることに成功した。我々は男を麻薬特例法違反で逮捕。「ロードローラー事件」と同じく、覚醒剤の代替物を所持した容疑である。男は予想通りナイジェリア国籍で、バックパッカーではなく「都内在住の無職」だった。

取調べでは、最後まで「知らない女から荷物を預かっただけ。何も分からない」と事実関係を強く否認した。しかし、周辺捜査から浮かび上がった組織のアジトへの捜索で、覚醒剤の関係証拠品を発見。男は否認を貫いたまま起訴され、有罪となった。この男がアフリカ系密輸組織の一員であることは間違いない。だが、メンバーの中でも下っ端《したっぱ》だったため、組織の全体像は未だに摑《つか》めないままだ。

事件後、アキは転居し、携帯電話もPCのメールアドレスも変えて生活している。事件のショックから立ち直るには時間を要しそうだ。

知らぬ間に「運び屋」にされたケース

事件解決に安堵《あんど》した我々だが、年明け早々の17年1月、またもや同様の事件が発生。今度はアメリカからの荷物で、覚醒剤約2キロ。末端価格で1億円を下らない量である。配送先は新潟市で、受取人とされたのは、40代の東南アジア系女性。現在は独身だが、子どもが2人いる。

事件の構図としては、先ほどの「ラブコネクション」と変わりない。だが、アフリカ系密輸組織は手口をさらに巧妙化させていた。新潟まで荷物を受け取りにきたのは、なんと入国したばかりのタイ人女性だったのだ。東南アジア系の女性は、荷物を受け取りにくるはずの男からこんな連絡を受けていた。

「交通事故で動けない。知り合いの女に行ってもらう。ごめんね」

そこで〝代わりにやって来た〟というタイ人女性に、新潟駅で荷物を受け渡した。

荷物を受け取ったタイ人女性は、そのまま新幹線に乗車して東京駅へ。我々はその場で検挙せず、新幹線に同乗して彼女を追尾した。

問題はここからだった。彼女は東京駅付近でホテルを確保すると、部屋に荷物を置き、自分は身体ひとつで成田空港へと向かったのだ。

これには現場も混乱した。彼女を組織のメンバーと断定するだけの情報はない。しかも、荷物は部屋に残したままだ。

我々はひとまず、空港班と東京駅班に分かれ、彼女の追尾と荷物の監視を続行した。結局、ホテルには誰も現れず、やむなく出国直前に彼女を検挙することに。

彼女は、

「バンコクで知り合ったカナダ籍を名乗る黒人男から、〝日本に行って荷物を受け取り、指定のホテルまで持って行ってほしい〟と頼まれた。中身が何かは聞いていない。報酬《ほうしゅう》が良かったので引き受けた」

との供述に終始し、組織に辿り着くことはできなかった。

とはいえ、捜査の経緯から、彼らが企《くわだ》てた計画の輪郭《りんかく》は見えてくる。

まず、アメリカから新潟の東南アジア系女性に「荷物」が届く。彼女が「一次受取人」だった。続いて、新潟駅で「荷物」を受け取り、東京まで運んだタイ人の女性が「二次受取人」。

おそらく、「三次受取人」の段階になって初めて、アフリカ系組織の下っ端が出てきたはずだ。今回は異変を察知して姿を現さなかったのだろう。場合によっては「三次受取人」にも別人を使った可能性がある。

これがアフリカ人薬物密輸組織のやり方だ。彼らは日本人を筆頭にアジア人女性に対して、カナダやアメリカ国籍と偽《いつわ》って近づく。日本人女性は外国人に対して用心深いが、ひとたび心を許《ゆる》すと、お願いされた通り、真面目に動いてしまう。

そうした側面を逆手《さかて》にとって、犯罪の片棒を担がせるのだ。彼らは狡猾《こうかつ》で警戒心が強く、なかなか尻尾を摑めない。マトリは今、このアフリカ系組織との攻防に明け暮れている。

知らぬ間に、麻薬の「運び屋」として利用されている女性が世界中にどれだけいるだろう。読者には、こうした国際犯罪組織が日本を狙っていること、そして、薬物の密輸が身近に迫っていることを強く意識してもらいたい。

第3章　薬物犯罪の現場に挑む

麻薬類の弊害

さて、ここまで薬物犯罪の実態について理解を深められた読者の多くは、日本の置かれた現状に相当な危機感を抱いてくれたと思う。だが一方で、薬物犯罪は「被害者なき犯罪」と呼ばれることがある。つまり、

「自分の金で覚醒剤を買って、自分で使うのだから、誰にも迷惑をかけていない。他人の物を盗んだり、傷つけたりするのとは違う。自分の責任で覚醒剤を使うのは、個人の自由ではないか。処罰するのは筋違《すじちが》いだ！」

という訳である。薬物のみならず、売春や賭博《とばく》、ポルノなどの犯罪類型も「被害者なき犯罪」に当たる。

では、なぜ覚醒剤をはじめとする薬物の使用や所持は犯罪となるのか。ここでは「社会的法益」云々《うんぬん》という小難《こむずか》しい話は抜きにして、率直に私見を述べさせてもらおう。

その理由は、薬物の使用や所持は「被害者なき犯罪」どころか、他者や社会に重大な被害を与えうる、極めて危険な行為だからだ。

麻薬類には依存性に加え、錯乱《さくらん》、意識混濁《こんだく》、妄想、幻覚といった諸症状をもたらす精神毒性があり、種々の犯罪を誘発する。実際に麻薬類を使用すると、脳の中枢神経に作用して気分が高揚したり、多幸感《たこうかん》に包まれたりと、少なからず精神に変調が生じる。効果は種類により異なるが、大きく「興奮・抑制・幻覚」の３種類に分けられる。

興奮作用で知られるのは覚醒剤やコカイン、抑制作用としてはヘロインが挙げられる。ヘロインは中枢神経に抑制的に働きかけ、身体の暖かさを伴う強力な幸福感をもたらし、その効果は性的オルガスムスに似通った感じとも言われている。他方、大麻やＬＳＤは幻覚作用を及ぼす。

こうした精神作用に加えて、麻薬類に特徴的な性質として挙げられるのが依存性だ（そのため、依存性薬物という呼び方もある）。この性質が使用者を薬物依存のドロ沼に引き摺《ず》りこむのだ。事実、薬物を使い続けると、個人差はあるにせよ、使用者の大半が依存症に陥ってしまう。そして、依存症になると耐性（同じ量では効かなくなる性質）が生じ、薬物の摂取量も増えていく。

そんな薬物依存には、精神依存と身体依存という二つのタイプがある。

タバコが切れた時、急に集中力が落ちてイライラし始め、しまいには雨風のなかでも構わずタバコを買いに飛び出して行き、ありついた途端に気分が落ち着く。これなどは典型的な精神依存だ。一方の身体依存は、薬物の効果が切れると手足が震えたり、痙攣《けいれん》発作を起こしたりし、ときには意識障害に至ることもある。アルコール依存などがこれに当たる。覚醒剤やコカインは精神依存の代表格で、ヘロインは、身体依存と精神依存の両方を有している。

薬物を断つとどうなるのか

実際に依存症となった使用者が薬物を断つと、どのような反応が現れるのか。

覚醒剤の場合は、薬効が切れてくると反跳《はんちょう》現象（効果の反動）が出現する。たとえば強烈な疲労感や脱力感、抑鬱気分などである。

典型的なケースを紹介しよう。

まず、仕事も運動もしていないのにぐったりと疲労困憊《こんぱい》して、それこそ丸一日でも眠り続ける。倦怠感《けんたいかん》が落ち着くと、今度は食欲が爆発する。とりわけ甘いものを欲するようになり、「ドカ食い」が始まる。そして、食後にまた疲労を訴えるのだ。覚醒剤依存症の被疑者が、「きつい」「眠い」「腹減った」を繰り返し、数日間、全く取調べにならないこともあった。

これがヘロインだと、反跳現象の代わりに離脱症状（禁断症状）が現れる。これは悲惨だ。私も初めてヘロイン依存の被疑者と接したときはさすがに驚愕した。

被疑者は頭から湧《わ》き出すように大量の汗をかき、延々と涙を流し、鼻水を垂《た》らし、なぜか時折、大きなあくびをする。身体的な変調はそれだけではない。終始、筋肉や骨の痛みを訴えてもがき苦しみ、そのうち嘔吐《おうと》と下痢《げり》を繰り返すように。被疑者の腕に目をやると、皮膚が冷え切って体毛が直立していた。これがいわゆる「cold turkey（冷《つめ》たい七面鳥）」と呼ばれる症状で、調理される前の、毛をむしられた七面鳥の肌にそっくりなのだ。それを目の当《ま》たりにした私は、「薬物が人間を責《せ》め苛《さいな》んでいる。これが麻薬の王と評されるヘロインの禁断症状か……」とショックを受けたものだ。

使用を継続すると慢性中毒となり、こうした心身の変調が常態化していく。覚醒剤であれば幻覚や妄想に襲われ、その後、精神病に発展することも珍しくない。逮捕されて身体から薬物が完全に抜けても、依存症は残る。治療によって中毒症状が治癒しても同じだ。覚醒剤の場合は依存症の度合いが重く、だからこそ、また手を出してしまう。

覚醒剤を使用して逮捕された被疑者のなかには、

「逮捕されてよかった。自分ひとりではとてもやめられなかった……」

と安堵の言葉を漏らす者がいる一方で、

「いまでもシャブが欲しくて堪《たま》らない。シャブが体内に入った瞬間の、髪の毛が逆立ち、身体が冷えてくる感覚が〝ふと〟蘇《よみがえ》る。二度とやらないとはとても断言できません」

と正直な心情を明かす者もいる。

まるでコントのようなエピソードもある。とあるシャブ中が刑務所を出所し、その足で密売所に飛び込んで待望の覚醒剤を手に入れ、注射した。だが、まもなく、その密売所に我々マトリがガサ（捜索）で踏み込んだのであった。無論、即座に逮捕だ。

「娑婆《しゃば》にいたのはたった6時間ですわ。あぁ、またやってしまった。シャブは悪魔や」

と取調室で後悔しても後の祭り。しかも、こんなケースは1人や2人ではない。それ以外にも、ガサに入った瞬間、シャブの水溶液が入った注射器を手に「最後の一発や！勘忍してくれ！」と喚《わめ》きながら走り回った暴力団員もいる。

注射針中毒

「針中《はりちゅう》」という言葉がある。これは「注射針中毒」の略称で、1980年代前半にはそう呼ばれて揶揄《やゆ》される者が少なからずいた。

針中と呼ばれる者は、覚醒剤の効き目が切れてくると、文字通り、注射針を血管に刺しては抜き、刺しては抜きを繰り返す。注射器で血を吸い上げて、それをまた血管に戻すこともある。カネが底をついたり、様々な事情で薬物を入手できないと、彼らは次の覚醒剤が手に入るまで、自らの腕や脚の血管に針を突き刺し続けるのだ。

もはや薬物ではなく「注射針」の中毒なのだ。カーテンを閉め切った薄暗い部屋で、朝から晩まで注射針を出し入れする姿にはぞっとするが、これも現実にあった話だ。

「急性中毒」の恐怖

たとえ数年間、覚醒剤と無縁な生活を送っていたとしても、ストレスや興奮、退屈などの因子が引き金となって再び手を出してしまう。これが「薬物依存」である。はっきりと言うが、我慢や根性で薬物依存のドロ沼から抜け出すことは不可能だ。

それどころか、気合いだけで薬物を断《た》とうとすると、その反動で恐ろしい結果を招きかねない。たとえば、「急性中毒」というものがある。これは依存の有無にかかわらず、薬物を過剰摂取したときに突発的に起こる発作的症状だ。錯乱《さくらん》したり、意識を失ったりと症状は様々だが、我慢に我慢を重ねて覚醒剤を遠ざけていたものの、その反動で一気に大量の薬物を摂取、急性中毒に陥った末、死に至ったケースも少なくない。

こうした急性中毒は、覚醒剤に限った話ではない。

2014年に危険ドラッグを摂取した者による事件や事故が頻発したことは、まだ記憶に残っているだろう。なかでも、福岡の天神や東京の池袋で起きた暴走事件を皮切りに、この年は続々と危険ドラッグにまつわる事件が発生。わずか1年間のうちに、危険ドラッグの使用が原因で100人を超える死者が出ている（急性中毒死も含む）。また、危険ドラッグを摂取した運転手の車が暴走し、幼い子どもを死に至らしめる許しがたい犯行も起きるなど、薬物取締り史上、未曾有の事態となった。これらは依存の有無に関係のない、急性中毒に起因する犯罪である。

依存症や急性中毒で自らの心身をすり減らすだけでなく、周囲の人々を巻き込むトラブルを起こし、時として命を奪うことすらある。ここまで聞いて、「被害者なき犯罪」という言葉を、文字通りの意味で受け取る読者はいないだろう。

以上、薬物使用者が引き起こす犯罪の実態について縷々《るる》述べてきたが、さらにもう一点だけ、全く違った角度から「薬物犯罪」の意味を問い直してみたい。というのも、「薬物＝商品」と捉えた場合、流通過程そのものが犯罪と考えられるからだ。

「国際犯罪」であり「経済犯罪」である

日本で使用される麻薬類は、大麻の他はほとんどが海外で生産され、様々な国を経由して巧妙に密輸されてくる。つまり、薬物犯罪は国の枠《わく》を超えて敢行される「国際犯罪」という側面を有しているのだ。

次に、日本に密輸されたブツ（特に覚醒剤）は、概《おおむ》ね首都圏の暴力団をはじめとする薬物犯罪組織に一元的に集まり、計画的・組織的に全国にばらまかれる。すなわち日本国内におけるブツの取引は、県境を越えた「広域犯罪」と捉えることができる。

しかも、ブツの流通には必ず犯罪組織が関与している。その面から見ると「組織犯罪」とも言える。さらに、前述のように薬物犯罪は推計50兆円を超える膨大《ぼうだい》な犯罪収益をもたらしている。それがテロを含む他の犯罪に転用されたり、マネーロンダリング（資金洗浄）されたりして、健全な経済活動の中に紛れ込んでいく。となれば、今度は

「経済犯罪」の様相を呈してくる。

ちなみに、アフガニスタンで生産される大量のヘロインが世界規模のテロ組織の活動資金となっていることは前に記したが、海外捜査機関によれば、自爆テロリストらは、ヘロインではなく「キャプタゴン」と呼ばれる覚醒剤の一種を使用し、意識を極度に高揚させて、テロに走るという。ヘロインは活動資金を稼《かせ》ぐための商品として、覚醒剤はテロの道具として用いられるのだ。

我々マトリは、大型密売・密輸事件では、金の流れを緻密《ちみつ》に捜査して、経済的側面から組織に打撃を与えることを目標としているが、これは「知能犯」と知恵比べをするような複雑で難解な仕事だ。

さらに、インターネット社会の進化と拡大が、多様な面で薬物犯罪を拡大・巧妙化させている。薬物犯罪全体が「サイバー犯罪（ネット犯罪）」とカテゴライズされても否定はできない。

このように、麻薬等薬物は、個人の使用のみならず、多種多様な犯罪やテロ行為の温《おん》床《しょう》になっていることを理解してもらいたい。

同時に、乱用者は患者であること、これを見逃してはならない。乱用者の削減は、薬物の需要削減に繋がる。無論、取締りを強化して供給を遮断《しゃだん》することは重要だが、需要の削減、特に依存者対策を徹底しなければ、薬物犯罪は永遠になくならない。

急増する「大麻」事犯最前線

本来なら「薬物は数多くの犯罪の温床である。だからこそ取締りの対象となるのだ」と結論づけて、次の話題に進むはずだったのだが……。昨今の世界的な風潮や、国内での爆発的な広がりを考慮して、もう一つだけ触れておきたいテーマがある。「大麻」だ。すでに米国ではカリフォルニア州やコロラド州など八つの州と、首都であるワシントンD.C.において嗜好《しこう》用の大麻が解禁されている（17年3月現在）。そして、カナダでも18年10月17日から大麻の所持、使用が合法化された。国が嗜好用大麻を合法化するのは、先進7カ国では初の事例だ。

我が国でも大麻解禁を求める声はあり、今後、「カナダでは大麻が合法化されたのに、日本ではなぜ厳しく取締るのか」という声が高まる可能性は否定できない。そこで、元マトリの捜査官として、大麻の抱える問題について指摘したい。

まず重要なのは、世界で最も乱用されている薬物が大麻だということだ。その名の通り、大麻は麻《あさ》のことで世界中に広く自生しており、日本を含む多くの国々で古くから繊《せん》維《い》の原料に利用されてきた。

薬物としては、麻の葉や花を乾燥させたものをマリファナやグラス、ウイードなどと呼び、樹脂を固めたものはハッシュ（ハシシ）、チャラス、チョコと呼ばれている。マリファナを指す日本特有の隠語には、「ハッパ」や「クサ」があり、インターネット上の密売では「キャベツ」「野菜」「88（ハッパの意味）」といった隠語も見受けられる。

覚醒剤やコカインなどの「興奮系薬物」とは異なり、大麻は抑制効果をもたらす「幻覚系薬物」と分類される。摂取すると酩酊《めいてい》作用が現れ、充足感、陶酔感、リラックス感を覚えるだけでなく、視覚や聴覚が変容して様々なイメージや観念が湧《わ》き出す。

他方、大麻の常習は、知的機能の低下、無動機症候群（注意力や集中力が低下し、無気力感に囚われる抑鬱状態のこと）、さらに人格変容を招くとされる。その危険性から、国際レベルで所持、栽培、輸出入等が規制されている。日本では１９６０年代にアメリカのヒッピー文化の影響を受けて乱用が始まったと推測されるが、実はいま、この大麻がかつてない流行の兆《きざ》しを見せている。

大麻事犯の検挙者数は２００９年をピークに13年まで減少を続けていた。しかし、14

大麻事犯検挙人員（提供＝著者）

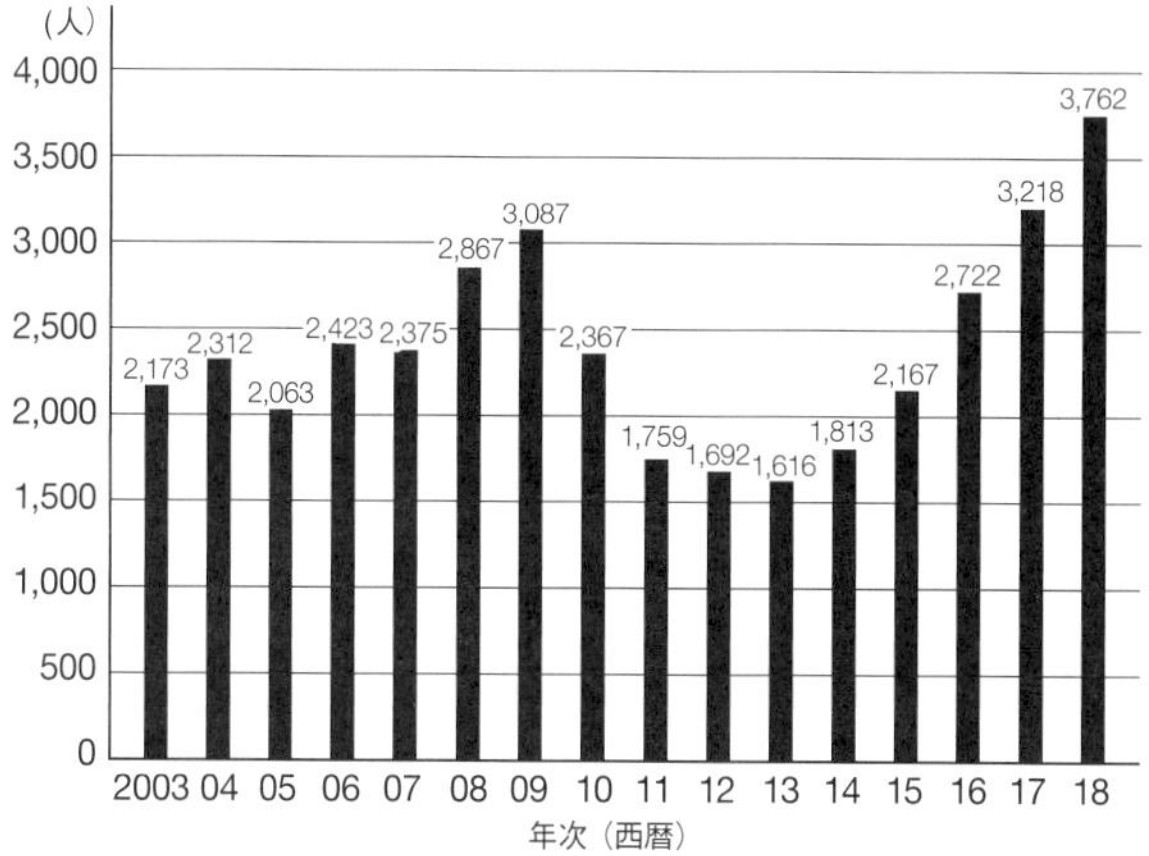

・大麻事犯の検挙人員は５年連続で増加し、乱用が拡大。
・2018年の検挙人員は過去最多の3,762人。
・30歳未満の占める割合は53％。

図版製作：ブリュッケ

年に増加へと転じると、15年には２０００人を突破、17年には３０００人を超え、18年には３７００人を超えて、過去最多となるに至った（上のグラフ）。

その要因は、どこにあるのか。社会問題にもなった危険ドラッグの販売店舗が取締りの強化によって全滅し、危険ドラッグを使用していた者が大麻に移行、または戻ってきたとの見方もできる。加えて、諸外国における「大麻合法化」の動きに乗じて、大麻乱用を推奨するかのような情報がネット上に氾濫《はんらん》していることも大きな要因と分析できる。

結果、「大麻は無害」との誤解のもと、若者が大麻に走っているのだ。

「音楽を聴いたときの感覚が繊細になって奥行きが生まれる。音に包まれるイメージ」

そう説明する使用者もいる。確かに、若者が熱狂する音楽シーンでは常に大麻の存在が見え隠れしてきた。ロック、レゲエにはじまり、現在ではヒップホップ、ラップなど、時代の先端を行く音楽の野外コンサートでは、「必須アイテム」として大麻を持ち込む者もいる。大麻を吸いながら異質な空間に浸《ひた》り、大音量に酔うわけだ。

私と同世代の読者ならば、１９６９年夏の「ウッドストック・フェスティバル」をご存知だろう。会場には40万人を超える観客が押し寄せ、音楽史に残る稀代《きだい》のコンサート、カウンターカルチャーの象徴と評された。ジミ・ヘンドリックス、サンタナといった30組以上の大物アーティストが出演。私も夢中でレコードを聴き、ドキュメンタリー映画を観た記憶がある。60年代は米国で急速に大麻が広まり、「ウッドストック」でも大麻やＬＳＤが飛び交っていたと聞いている。

「あの時は大麻ハウスが建てられて、大麻が堂々と売買された。ウッドストックを機に、野外コンサートに大麻を持ち込むことが一般的になった」

と米国のベテラン捜査官は話していた。近年の日本の野外コンサートも状況は似ており、会場で堂々と大麻を吸煙し、警戒中の麻薬取締官に検挙される者も散見される。若者が大麻に走るのは、その効果のみならず、大麻を取り巻くファッション的な要素に魅《み》せられるからであろう。検挙者のなかには高学歴者が少なくない点も、他の薬物とは趣《おもむ》きが異なる。「大麻こそがサブカルチャーの原点」と語る者もいるほどだ。

密輸から「栽培」に

このところ増加の一途を辿る大麻事犯には、大きく分けて二つの特徴がある。一つは「栽培《さいばい》事犯」の増加。次に「効き目が桁違《けたちが》い」の大麻が出回り始めたことだ。

一点目を補足すると、現在、麻薬取締部が検挙した大麻事犯のうち、３割が栽培事犯である。栽培した形跡のある者、または栽培に言及した者を含めると５割近くに及ぶ。

２０１５年の大麻草（栽培中のもの）の押収量は３７３９株だった。それが、16年には１万９９４４株に急増し、17年も１万８９８５株と、２年連続で２万株に迫っている。私の約40年の麻薬取締官人生を振り返っても前例のない事態である。

麻薬取締部では、成熟した１株の大麻草から、薬物として使用可能な部分が約５００

グラム採取可能と推計している。押収した2万株が全て順調に成熟すれば、計算上は約10トンが採取可能ということになる。これは、一般的なジョイント（大麻たばこ）1本の使用分を約0・5グラムと考えた場合、なんと2000万回分に相当する。乾燥大麻1グラムの末端価格を5000円とすれば、10トンでは500億円に上る。

つまり、大麻については密輸に依存せず、日本国内での生産で需要を賄《まかな》える状況になりつつあるということだ。現実に、従来のような大型密輸は激減している。

実際、日本でも大麻の屋内栽培が定着し、一定の知識と技術をもった者が押入れやクローゼットを改造して栽培に精を出している。「栽培ハウス」や「テント」と呼ばれるビニールケースが販売され、海外から全自動型栽培ボックスを仕入れる者もいるが、ホームセンターで買える園芸用の器材でも栽培は可能だ。組織的な大型栽培事件では、民家一軒を用いて「大麻プラント」とでも言うべき大規模栽培を行っていたケースもある。

大麻草は一年草で、屋外では初夏に種を蒔《ま》き秋に収穫する。他方、屋内栽培では、太陽光に似た人工照明で光を照射する時間を調整することで、栽培期間を大幅に短縮できる。上手《うま》くすれば年間3、4回の収穫も可能だ。近年の使用者は、大麻への興味が深まるにつれ、栽培に手を染めていく。自分で栽培するようになると、大麻に対する思いが一層深まる。手塩にかけた大麻草が逮捕によって押収され、朽《く》ち果てることにショックを受ける者も少なくない。心情は分からなくもないが、事件の証拠品なので致《いた》し方《かた》がない。

二点目に話を進めよう。この4、5年の傾向として、大麻使用者が、より効き目の強い大麻を求めるようになっている。実際、強烈な効き目を持つ大麻が出回るようになった。

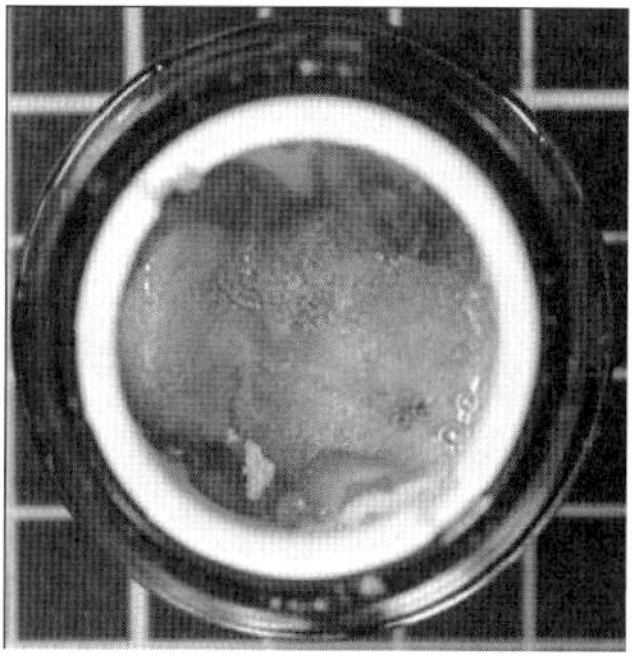
「大麻ワックス」

例えば、同じ大麻草でも乱用部位がリーフ（葉）から、バッズ（Buds＝つぼみ・芽の意味）に移った。バッズとは、大麻草の中でも幻覚成分「THC（テトラヒドロカンナビノール）」を最も多く含む花穂《かすい》部分を指し、密生した葉の塊《かたまり》のように見える。ここ数年で麻薬取締部が押収した乾燥大麻は、ほぼ100％このバッズだ。大麻は一般的にリーフのイメージが強いが、現場の感覚からすると、リーフはもはや過去の遺産だ。

それ以外にも、大麻のTHC成分を抽出した「大麻

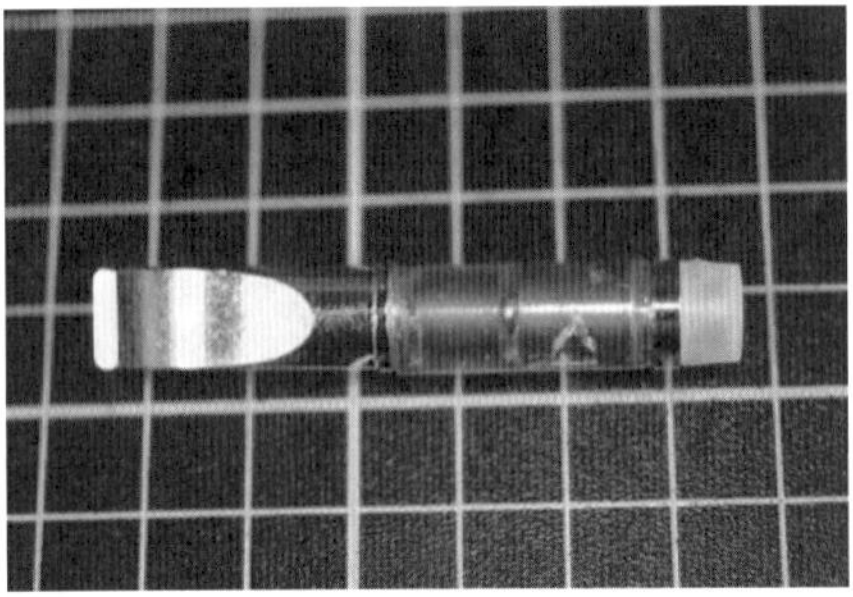
「大麻リキッド入りカートリッジ」

ワックス」（前頁の写真）や「大麻リキッド」（上の写真）と呼ばれる「濃縮大麻」も乱用されている。大麻ワックスや大麻リキッドは、ごく微量で強烈な効果が出ることから、使い方を誤れば麻薬類に匹敵する危険性を有する。しかも、海外では大麻草自体の品種改良も進み、より高濃度のTHCを含有する大麻が現れている。ここ数年で、大麻そのものが急速に変化し、危険性を増しているのは事実だ。

それでは、最近の大麻事件、とりわけ大麻栽培の実態について、麻薬取締部の検挙事例を取り上げながら具体的に解説を加えることにしたい（ただし、今後の捜査への影響と関係者のプライバシー保護を考慮し、現場のシチュエーションは若干《じゃっかん》変えてある）。

17年秋、麻薬取締官十数名が都内の大麻栽培者宅に踏み込んだ。閑静な住宅地に位置する、広さ2LDKの賃貸マンションだ。被疑者は30代の男性会社員Q。独身で、前科

の類はない。ドアを開けたQに捜査員が令状を示す。すると、Qは抵抗するどころか、

「いつかは来ると思っていました。大麻は規制されているから仕方ありませんね。でも私が栽培しているのはトマトです……。なんて冗談！　さぁ、どうぞ」

と軽口を交えながら、自ら部屋を案内し始めた。おそらくQは大麻を吸っていたのだろう。室内には淡い大麻の臭いが漂う。Qはまずリビングで「そこそこ」と指をさした。

その場所には、高さ2メートル×幅2メートル×奥行1メートルという、ナイロン地のファンシーケースが置かれていた。捜査員がケースのジッパーを下ろすと、青臭く、少し甘ったるい大麻臭が鼻をつく。そこには、青々とした鉢植えの大麻草が5株ほど栽培されていた。草丈《くさたけ》1メートルはあるだろう。光を拡散させるため、テントの内側には反射シートが貼られ、一面銀色である。ケースの上部には、太陽光に近いナトリウムランプが吊り下げられており、タイマーがつけられている。これで照射時間（日照時間）を調整し、大麻が開花する「秋」を人工的に作り出して刈り入れるのだ。温度調整のためのヒーターや、空気を循環させる扇風機も備え付けられ、温度計と湿度計も揃《そろ》っていた。

充実した設備を前に、捜査員が呆気に取られていると、Qは穏やかな口調で「これは

自信作です」と語った。悪びれた様子は全くない。

最高級の大麻「シンセミア」とは

隣室には水耕栽培キットが並べられていた。やや小ぶりだが20株はあるだろう。土壌の代わりにロックウールが使われ、根は養分や水が循環する貯水槽に張り出している。また、水が腐らないよう、エアーポンプを使って酸素を供給し続けていた。

部屋の壁には換気ダクトが這い、窓に取り付けられた換気扇に繋がっている。壁面は全体が反射シートで覆われ、天井には高価な高圧ナトリウムランプを備え付ける熱の入れようである。部屋の隅にある物干しスタンドには、収穫したばかりのバッズを吊り下げて乾燥させていた。ざっと30グラムは下らないだろう。

「あそこに干してあるのは〝シンセミア〟ですね」

Qはスタンドを見ながら自慢《じまん》げに語った。

大麻草は雌雄異株《しゆういしゅ》で、雌花《めばな》の周囲に大量のＴＨＣを含む樹脂を持つ。ところが、雌花は受粉すると種を作り始め、ＴＨＣの含有量が低下してしまう。そこで、知識と技術のある栽培者は、あらかじめ雄株を取り除き、受粉を避けながら雌花を完熟させ、ＴＨＣ

濃度の高いバッズを生み出すのだ。このバッズは、スペイン語で「種なし」を意味する「シンセミア（sinsemilla）」と呼ばれ、「最高級の大麻」と評されている。

冷蔵庫の中には、乾燥を終えたバッズがプラスチックケースに揃えて保管されており、テーブルには肥料や吸煙道具が散乱していた。そして、流し台には、たった今製造したばかりの蜂蜜色をした「大麻ワックス」が入ったピルケースが置かれていた。大麻ワックス（別名：BHO＝ブタン・ハニー〈ハッシュ〉・オイル）は、ライターや家庭用コンロなどに使うブタンガスを溶媒《ようばい》として、主にバッズからTHCを抽出した濃縮大麻である。THCの含有量は通常のバッズの5～10倍、日本に自生する大麻の60倍以上に上る桁違《けたちが》いの存在だ。最近は捨てられることの多いリーフも、粉砕してブタンガスを用いて抽出《ちゅうしゅつ》すれば、ある程度の濃縮物を得ることができる。また、ワックスと違い、製造にラボに近い施設を必要とする「大麻リキッド」と呼ばれる濃縮オイルもある。

素人が「密造者」になるとき

18年1月、東京都目黒区内で、ラッパーでタレントの男（43＝当時）が麻薬取締部に逮捕されたことをご記憶の読者もいるだろう。この事件で彼は有罪判決を受け、新聞、テレビでもニュースとして取り上げられた。彼はバッズ約550グラムと、カートリッジに充塡《じゅうてん》された大麻リキッド約45本（約14グラム）等を所持していた。このカートリッジは電子たばこに装塡《そうてん》可能で、5回ほどに分けて吸引する。大麻特有の臭いはなく、たとえ隣で吸われてもまず大麻とは分からない。問題はこの大麻リキッドのTHC含有量が「60％」と非常に高いことだ。大麻ワックスと同じく、通常のバッズの5～10倍はある。素人がカートリッジ1本を一気に吸えば、意識混濁などの急性症状は避けられない。そんな危険な薬物が「商品」としてきれいに梱包《こんぽう》されて海外から密輸されているのだ。

仮に体重60キロの成人が、大麻を摂取して感覚の変化を得ようとする場合、個人差はあるものの、THC量に換算すると6ミリグラムは必要と考えられる。これを基に最近の大麻のTHC含有量から、一回の摂取量を推計すると、乾燥大麻（葉）の場合は約0・2～1グラム、バッズの場合は約0・05～0・3グラム、ハッシュやチョコと呼ばれる大麻樹脂も同量。それが、大麻ワックスや大麻リキッドでは0・007～0・01グラムということになる（あくまでも目安だが）。

これを見ても大麻ワックスやリキッドがどれだけ危険か容易に理解できるだろう。14年、全国で無差別に販売された危険ドラッグのなかに、合成カンナビノイド系物質を含むハーブが数多く存在した。これは大麻と作用が似通い、しかも効果は数十倍強い。当時は未規制の物質が多く、警戒心のない若者が街頭店舗で平然と購入・吸煙し、悲惨な事件・事故を引き起こした。近年の大麻の高濃度化が危険ドラッグと同様の事態を招くのではないかと、私は危機感を強めている。

余談になるが、大麻を巡って読者に注意してもらいたいことがある。実はいま、海外で大麻成分を含むチョコレートやクッキーが出回っているのだ。「メディカルマリファナ」などと記載されているが、板チョコ１枚にマリファナ10回分以上のＴＨＣが含まれている。経口摂取は吸煙と違って効果の発現に時間がかかる。何も知らずに１枚を平らげると、食後暫《しばら》くしてから幻覚に襲われて意識混濁《こんだく》に陥ってしまう。実際に救急搬送された例もある。海外旅行をする際には十分にご注意願いたい。

話を戻そう。前出の男性会社員Ｑはタンスを利用して「苗床《なえどこ》」まで作っていた。大麻種子の種類別に苗が整然と分けられており、その丁寧な仕事ぶりや、技術の高さにはベテラン捜査員も舌を巻いたという。その後、Ｑは大麻と麻薬ＬＳＤの所持で現行犯逮捕された。取調べにも素直に応じ、担当捜査員に次のように供述している。

「５、６年前、ヨーロッパ旅行中に友人に勧められて大麻を知った。吸うと気分が落ち着くし、部屋で音楽を聴くときは大麻がなければ話にならない。何しろ、聞こえない音まで伝わってくる」

「大麻はインターネットで買っていたが、色々と調べていくうちに栽培に興味が出て3年前に始めた。栽培方法はネットに溢《あふ》れている。種子は16年から〝ホワイトウィドウ〟〝ブルーベリー〟を使っている（いずれも海外で品種改良されたTHC濃度の高い大麻の種子＝ブランド品）。水に浸したキッチンペーパーの上で種を発芽させ、芽が出たら鉢に移した。水耕栽培は全てクローン（分枝・挿《さ》し木）だ。一番気に入った雌株を〝マザーツリー〟にして、それからクローンを作った」

捜査員が「ダクトで排気しているが、臭いで近所から苦情が出なかったのか」と質《ただ》すと、「風向きがいいんですよ。ここは角部屋で、隣は空き地。風が抜けて行く。周辺が臭うことは殆《ほとん》どありません」と胸を張って答えたという。

Qは執行猶予《しっこうゆうよ》付きの判決を受けた後、捜査員に挨拶《あいさつ》に来ている。律儀《りちぎ》な青年だ。

「今でも大麻はそんなに悪いものとは思っていませんが、なぜあんなに夢中になったのだろうと、自分でも驚いています。お金もずいぶん使ったし、大麻がきっかけで他の薬物も経験した。一日中大麻のことばかり考え、暇《ひま》があれば大麻を吸っていた。そのせいか、集中力がなくなり記憶力も落ちた。〝あんたは大麻に取り憑《つ》かれている。おかしい〟と言って恋人も出て行った。大麻を吸わなければ不安な気持ちに襲われ、不眠症にもなった。いままでは無駄《むだ》な時間を過ごしたと思っています」

そう丁寧に挨拶したという。あくまでも一例だが、これが近年の栽培事犯を象徴している。10〜15年前の大麻栽培は大半が小規模な簡易栽培だった。自宅の窓際で細々と栽培するか、屋外で大して手もかけずに栽培していた。それが現在は、Ｑのような全くの素人がネットの知識をもとに設備を揃え、年間を通じて大麻を栽培するようになった。

Ｑを逮捕した翌週、別の捜査班が東京都内の一軒家を捜索し、２トントラック３台分もの大麻等関係証拠品を押収。暴力団員を含む関係者数名を逮捕している。こちらは営利目的の大型栽培で、捜索に同行した若い捜査員は「まさに大麻工場。ジャングルでした」と口にしていた。

薬物乱用の入り口はどこか

大麻は、「gateway drug（門戸開放薬）」と言われる。大麻の使用が、他の違法薬物の使用に繋がる重要なステップになるということだ。

「大麻使用者の26%が、他の違法薬物を使い始めた」という米国の研究結果もある。現場捜査員の感覚からしても、この指摘は的を射ているように思う。

近年、麻薬取締部が検挙した大麻事件では、約20%が他の薬物を所持したり、実際に使用したりしていたと供述。大麻使用者が同時に所持していた薬物は、覚醒剤が半数を占め、次いでコカイン、LSD、危険ドラッグが挙げられる。また、大麻事犯での検挙者は、覚醒剤事犯の検挙者と比較して初犯者が多く、暴力団員が少ないのが特徴で、年齢層も30代以下が約半数を占める。こうした実情を踏まえても、大麻は若者が手を出し易い「gateway drug」と言えるだろう。

17年に国立精神・神経医療研究センターが実施した「薬物使用に関する全国住民調査」で興味深い結果が示されている。

「大麻の生涯経験率が上昇し、モニタリング期間中、最も高い数値となった。大麻の推計使用人口は133万人（覚醒剤は50万人、危険ドラッグ22万人）。10～30代で大麻使用を容認する考えを持つ者が増加。国内で大麻が最も乱用される薬物となったと言える。大麻使用者の増加が一時的なものか、或いは大麻を中心とする欧米型への構造的な変化と言えるのか、今後、モニタリングを継続しながら判断していく必要がある」

我々世代の「gateway drug」といえばシンナーなどの有機溶剤だった。読者も「シンナー遊び」という言葉を記憶しているのではないだろうか。これが時代の流れのなかで変化を遂げ、現在は大麻なのである。

ネット社会が日毎に進化・拡大するなかで、若者は様々な情報を吸収していく。そのなかで、ミステリアスでカッコいい存在として大麻が持て囃《はや》されている印象を受ける。ここに大麻流行の原点があるのではないか。20代の大麻を経験した者はこう語る。

「シンナーなんてイメージが暗くてカッコ悪い。大麻と一緒にしないでほしい。大麻はマリファナ、グラスにハッシュと、まず名前がカッコいい。ブッダスティックとかインドっぽくてお洒落《しゃれ》。種子にしてもカリフォルニアオレンジ、スカンク、アフガン、ホワイトウィドウだからね。大麻はアーティスティックで神秘的で、音楽やラスタファリズムともリンクする。世界では合法化が進んでるし、悪い物とは思えない。最近ではヘンプ（Hemp＝大麻のこと。麻の繊維という意味で使われる）という言葉もよく耳にする。ヘンプジュース、ヘンプビール、ヘンプオイル。とてもヘルシーなイメージだよね」

彼はおおよそネットの情報だけで大麻を学んだという。私は彼と話して「なるほど」と頷くとともにネットの恐ろしさを改めて痛感した。

「大麻合法化」は苦肉の策

さて、最後に海外のいわゆる大麻合法化（以下、合法化）について、少し解説しよう。

先に述べた通り、18年6月、カナダのトルドー首相が大麻の所持・使用を同年10月に合法化すると発表した。トルドー首相は、「大麻の不正取引で犯罪組織が年60億カナダドル（約5000億円）もの利益を得ているという推計もある」と指摘。「現行法は、子供たちを守るために機能していない」と、嗜好用大麻解禁の正当化を主張した。法案の内容はこうだ。

〈18歳以上には最大30グラムの乾燥大麻の所持を許可する。個人使用目的での栽培も認める。ただし18歳未満の未成年者への販売・譲渡には最大14年の禁固刑を科す〉

すでに大麻が合法化されているウルグアイやアメリカ各州では、これに便乗した大麻ビジネスも登場している。カナダの大麻政策の転換を受け、米・コロラド州デンバーに本社を置く大手ビール会社「モルソン・クアーズ・ブリューイング」は、「大麻入り飲料」分野への参入を検討していると報じられた。大麻を合法化すればこうした新たなビジネスチャンスが開けるのだ。

だが、そもそも、どうしてカナダは大麻を合法化したのか。

私見だが、大麻を合法化「した」のではなく、「せざるをえなかった」というのが正しいと思う。カナダが合法化に至った経緯を私なりに解釈すると以下のようになる。

○大麻乱用が爆発的に広がり、取締りが限界に達していた。

○しかも、大麻の収益の多くが犯罪組織に流れ込んでいる。

○大麻はヘロイン、コカイン、覚醒剤と比較して依存性が少ない。

○それならば、アルコールやタバコと同じ位置づけで国の管理下に置き、犯罪組織に膨大な資金が流れることを阻止すべきではないか。

○合法化して国が管理することで若者の大麻使用も抑制できる。

○新たな大麻ビジネスを容認する代わりに課税すれば、税収増にも繋がる。

端的に言えば、「大麻合法化」は苦肉の策なのである。決して、ヘルシーで、嗜好品《しこうひん》として優れ、依存性がなく、健康被害がない、などという理由で解禁されたのではない。大麻が「gateway drug」の役割を担っているのは事実であり、他の麻薬を凌駕《りょうが》するほどTHC濃度の高い大麻の存在も懸念《けねん》される。カナダ国内でも合法化については民意が二分している。当然ながらINCB（国際麻薬統制委員会）は危機感を募らせ、ロシア外務省はカナダが国際的義務に違反していると非難する。

さらに、私は別の点にも関心を寄せている。果たして、大国カナダの合法化を受けてシノギを失う格好となった犯罪組織はどう動くのか。

第1章、第2章で記したように薬物犯罪組織は互いに連携しながらサプライチェーン化を進め、いまやグローバル企業並みのネットワークと資金力、行動力を有している。そんな組織が、カナダの5000億円市場を易々《やすやす》と手放すだろうか。次の一手を打ち出してくると考えるのが自然だろう。たとえば、より安価でTHC濃度の高い大麻を市場に送り込む、フロント企業を立ち上げて大麻ビジネスに参入する、大麻以外の依存性の高い薬物を積極的に市場に投入する——。カナダの大麻合法化が、今後どのような展開を見せるのか。その成り行きを注視していきたい。

第4章　ドヤ街の猟犬——薬物犯罪捜査史

日本の薬物犯罪の始まり

２０１８年3月に退官するまで40年近くに亘《わた》って薬物犯罪と対峙《たいじ》してきた私が、折に触れて思うことがある。それは、「薬物犯罪は時代を映し出す鏡」ということだ。

後述するイラン人薬物密売グループの出現や、インターネットを利用した薬物の売買、さらに、国際薬物犯罪組織が結託して日本を狙うようになるなど、社会の変化に応じて薬物犯罪は日毎《ひごと》に進化してきた。１９８０年にこの世界に参戦し、捜査一筋で生きてきた私ですら、現在のような状況は全く想像もできなかった。

そこで本章では、日本の薬物犯罪を時系列で振り返り、同時に、我々麻薬取締官が、それぞれの時代にどのような捜査を行ってきたのかを解説したい。いわば「麻薬取締官による薬物犯罪捜査史」である。

まず、日本の薬物犯罪は、第二次大戦の終結直後に始まる。第2章で少し触れたように、戦時中に日本軍の軍需物資（軍用医薬品）として、またはヒロポン等の名称で市販されていた覚醒剤は、敗戦後の厭世的で享楽的な世相の中で一気に拡散した。こうして始まった覚醒剤の乱用は、かつて日本国民が経験したことのない惨劇を生み、「ヒロポンは国を滅ぼす」とさえ言われ、大きな社会問題となった。

それまで、日本人の薬物乱用は殆《ほと》んどなく、覚醒剤についてもその依存性や精神毒性が問われることはなかった。１９５１年に覚せい剤取締法が施行され、徹底した取締りの結果、54年には５万５６６４人が検挙されたが、実際の使用者は約55万人存在したと推計されている。近年、我が国の薬物犯罪の検挙者数は概ね１万数千人。これからみても、当時がどのような状況にあったかということが容易に想像できる。

この時期、覚醒剤の使用者は商品名のヒロポンに引っかけて「ポン中（ヒロポン中毒）」と嘲弄《ちょうろう》されるようになり、現在でも使用されている。その後、70年に第二次覚醒剤ブームが到来するが、この時には「シャブ」という言葉が生まれ、同時に「シャブ中」という侮蔑的な呼称が広まった。ちなみに、60年代などに訪れたヘロイン時代には「ペー中」「ペイ中」という言葉が生まれている。

余談だが、覚醒剤がなぜ「シャブ」と呼ばれるようになったのか、ご存知だろうか。

「覚醒剤を使い続けると、仕事や財産、家族に友人まで失い、身体を壊して、最後には骨までしゃぶられて死んでしまう」

この「しゃぶる」が「シャブ」に転じたという説である。これが最も一般的で的を射ている。だが、他の説もある。覚醒剤をコップに入った水に落とす。すると、沈みながら「シャーッ」と〝走るように〟溶けるのだ。それで「シャブ」と呼ばれるようになった——。さらに興味深い話もある。

「サブロウが来る」

私がマトリとしてデビューしたての頃、ヤクザを引退した大阪のある親分から聞いた話だ。彼は戦後の暴力団、覚醒剤状勢の生き字引《いじびき》のような人物で、情報を欲する私に対し、「兄ちゃん、勉強しいや」と前置きした上で次のように語ってくれた。

「60年代の覚醒剤ブームは阪神地域から始まった。その頃、尼崎にあるX組にサブロウという男がいた。この男は韓国から密輸された結晶型のヒロポン（覚醒剤）の中間売人で、せっせとヒロポンを配達していた。仕事熱心で、その筋では誰もが信頼を置いていた。そのうちにヒロポンが届くことを〝サブロウが来る〟、さらには〝サブが来る〟と言うようになった。そして、サブがシャブに訛《なま》り〝シャブが届く〟に変化。まもなく覚醒剤自体を〝シャブ〟と呼ぶようになった。これが業界で一般化したわけだ。シャブの語源が『骨までしゃぶる』というのは、後にマスコミが言い始めた話ではないか」

真偽を確かめる術《すべ》はないが、実に面白い話で私は妙に納得した記憶がある。その筋の人間が隠語として「シャブ」を使い始めたのであれば、案外、元親分の説が正しいかもしれない。ちなみにX組は90年代初頭に解散している。

話を戻そう。戦後猛威を振るった覚醒剤乱用は、覚せい剤取締法の制定と徹底的な取締り、また、国民の覚醒剤撲滅への機運の高まりで、57年には検挙者が激減し、事実上、終結した。いわば、「ヒロポン時代」の終焉《しゅうえん》である。一方で、ヒロポン時代が日本の薬物乱用の幕開けとなったことは間違いない。その後、政府は、このヒロポン時代（45～57年）を「第一次覚醒剤乱用期」と呼ぶようになる。

ヒロポン時代末期の55年頃、今度は、薬理作用がヒロポンとは真逆の、抑制作用のあるヘロインが流行の兆《きざ》しを見せ始める。覚醒剤と同様に、軍が抱えていた「あへん（ヘロインの原料）」や医療用麻薬が巷《ちまた》に流れ、徐々に乱用が広まったのだ。さらに、50年に勃発した朝鮮戦争もこれを後押し。外国人兵士が戦地からヘロインを持ち込むようになり、その後、中国人グループ等が専ら香港からヘロインを密輸して密売を始める。そこに、暴力団や愚連隊が参入して大都市を中心に一気に乱用が拡大した。ヘロイン事犯は61年にピークを迎え2265名が検挙されているが、潜在中毒者は数万人いたと推計される。

麻薬取締官が誕生したのは、ヒロポンから、ヘロインが世界レベルで最も危険な薬物と認識されていったこの時代の渦中《かちゅう》。少数精鋭の麻薬取締官はヘロイン等の麻薬捜査と医療用麻薬のコントロールに専従する専門家として設置された経緯がある。その頃の麻薬取締官には麻薬と大麻の捜査権限しかなく、覚醒剤の捜査には手出しできなかった。当時を知る麻薬取締官は、覚醒剤捜査ができず、現場で何度も悔《くや》しい思いをしたと語っていた（その後、72年に麻薬取締官にも覚醒剤捜査権限が付与される）。

ヘロイン時代を生きた先輩諸氏の話や関係資料からは、次のような実態が分かる。61、62年当時、神戸市生田区（現・中央区）の三宮《さんのみや》から葺合《ふきあい》区（同前）の新川へ通ずる道は「ペー街道」と呼ばれていた。「ペー」または「ペイ」はヘロインのスラングで、この道を「ペー中（ヘロイン中毒者・患者）」が徘徊することに由来する。通りに立つと、川沿いにある数軒のペー屋（ヘロイン密売所）に向かって三宮の方からうつむきがちにヨロヨロ歩いてくるペー中の一群と、ヘロインを買って注射を済ませ、ホイホイ帰ってくる一群の両方を見ることができた（当時の密売所は密売のみならず、注射もさせていたのだ）。

東京、横浜、名古屋、大阪、福岡等でも状況は似通っており、ペー屋は大繁盛を極めたという。

ところが、62年7月に入ると、全国のペー屋で品切れが続出。横浜市内では世間を驚愕させるような事態が発生する。京浜急行・日ノ出町駅前のガード下から黄金町《こがねちょう》にかけての道筋に、300人もの薬切れのペー中が集まり、退薬症状（禁断症状）で悶《もだ》え苦しみながら深夜まで屯《たむろ》するという騒ぎである。現場に臨場した当時の麻薬取締官（私が採用された頃の上司）の足にしがみつき、「苦しい、ペーくれ、助けてくれ、頼む」と涙ながらに訴えた者もいたという。

この現象は、「禁断症状地獄絵、うろつく患者、怯える横浜市民」「麻薬、横浜で集団禁断症状、路上うろつく三百人、相次ぐ取締り〝ヤク〟底つく」などとセンセーショナルに当時の新聞などが大きく取り上げ、社会の耳目を集めた。

「黄金の腕」を持つ女

こうした事態を受けて、当時の麻薬取締官はヘロイン密売組織の壊滅に向け、厚生大臣の許可の下、ヘロインの買い手に扮《ふん》するなど、潜入捜査や危険なおとり捜査を繰り返し、数多《あまた》の密売所や密売組織を壊滅させている。先輩諸氏の話を聞くと、まさに映画の世界、日本でこのような危険な捜査が行われていたのかと驚くばかりである。実際、麻薬取締官の顔写真が密売組織間で１枚20万～30万円で取引されていたとの記録もある。

ペー屋の家宅捜索も苦労の連続だったという。ペー屋は戦災後に建てられたバラックの２階の一室であることが多く、扉は二重扉に改造されて、部屋には真夏であっても火鉢が置かれていた。捜査員が踏み込むことを察知した密売人が、証拠品であるヘロインを火鉢に投げ込んで焼却するためだ。そのため、踏み込むタイミングはいつも苦労する。周辺に潜み、客の来訪を待って同時に踏み込むが、密売人も手慣れたもの、瞬時にブツを火鉢に投げ込み、窓から注射器や秤《はかり》を捨て、自らも跳ぼうとする。突入後、１名の捜査員が火傷覚悟で火鉢に手を突っ込み、ブツを押さえる。他の捜査員が窓から逃走しようとする密売人を制圧する。密売人と一緒に窓から飛び降りた捜査員もいる。さらに、窓の外で待ち構えていた捜査員の上に密売人が転落してきたことも。

また、ガサ（捜索）中にもかかわらず、いまにも倒れそうなほどやつれた女が１００円札を握りしめてペー屋にやってきたという話も聞いた。見た目は50代だが、実際は20代だったこの女。「黄金の腕」を持っていた、とされる。両腕の肘の内側にある血管はミミズ腫れ状態でボロボロ。無数の注射痕の一部は蛸《たこ》の吸盤のようになり、一部は化膿して爛《ただ》れ落ちそうだった。虚ろな表情の女はノースリーブ姿で注射痕を隠そうともしない。「黄金の腕」の謂《いわ》れは定かでないが、これほど酷くなるには、間違いなく多額の金をヘロインに注ぎ込んでいる。それゆえ、「黄金の腕」と呼ばれたのかもしれない。

少々専門的な解説を加えると、当時のヘロインはブドウ糖や局所麻酔剤である塩酸プロカイン等で希釈され、純度は20〜30％だった。これが、１袋に０・03〜０・05グラム入れられて１０００円程度で売られていた。だが、その後の法改正と徹底的な取締りによってブツが品薄となり、価格は高騰《こうとう》。純度10％のものが、１袋３０００円から５０００円まで跳ね上がったという。人事院の資料によれば、61年（昭和36年）の国家公務員上級職（甲）の初任給が１万２９００円、中級職が９３００円、初級職が８３００円である。ヘロインが如何《いか》に高価な商品であったか窺《うかが》い知れる。

国は63年に麻薬取締法を改正し、同時に医療的な対策も強化した。官民挙げてのヘロイン撲滅の取組みもあって、検挙者は急速に減少。69年にはほぼ終息の観を呈した。他方で、沖縄ではベトナム戦争（55年頃～75年）時に、戦地でヘロインに溺れた米軍帰休兵や帰還兵が東南アジアからヘロインや大麻を持ち込み、基地周辺で蔓延させたほか、在沖基地を中継地に米本国に密輸する事犯が頻発《ひんぱつ》した。72年の沖縄の本土復帰に併せて設置された沖縄麻薬取締支所では、米軍捜査機関やDEA（米麻薬取締局）と協力して徹底捜査を行い、ヘロイン等の大量押収を継続。これが70年代後半まで続く。

ヘロインの蔓延期（55～65年頃）に関心をもつ読者なら、60年封切りの三國連太郎《みくにれんたろう》主演の映画「白い粉の恐怖」をご覧になっては如何《いかが》だろうか。チラシには、「この映画は麻薬中毒者20万うごめく、現代日本の汚点を真ッ二つに斬る注目の社会ドラマ！」「ペイをくれ、ペイをよこせ！　美貌《びぼう》の女を醜《みにく》い老婆のように変らせる凄まじき麻薬の毒!!」というコピーが躍っている。当時の状況が少なからず理解できるはずだ。

シャブ時代の到来

さて、ヘロイン横行期が終焉するや否や、70年代に入ると、覚醒剤乱用が再燃する。第二次覚醒剤乱用期（70～94年）の到来だ。そして、ここから我々麻薬取締官と覚醒剤との長い戦いが始まることとなる。

敗戦後、復興に向かった日本経済は世界に例のない高度成長期に突入する。55～73年にかけては、実質成長率が年平均10％を超え、これは、欧米の2～3倍にもなったという。64年には東京オリンピックが開催され、東海道新幹線も開業している。他方で、日本の暴力団も大きく様変わりする。終戦直後の混乱のなか、街の不良が集団化した「愚連隊」と呼ばれる新興勢力が台頭し、ブラックマーケット（闇市）の利権を巡って新旧勢力が激しい抗争を繰り広げた。菅原文太主演のヤクザ映画「仁義なき戦い」は、まさにこの時代の広島を舞台にした実録映画だ。

結局、戦前から強大な勢力を持っていた「ヤクザ」や「極道」と呼ばれる博徒集団が、これら新興勢力を取り込み、次第に大型・広域化していく。63年頃には大小5000を超える暴力団組織が存在し、構成員数は18万人を超えた。警察庁の資料によれば、2018年末時点の暴力団構成員数は1万5600人、準構成員数1万4900人。これを見ても当時の暴力団の多さに驚かされる。「暴力団」という呼称が生まれたのもこの時期だ。このように肥大化した暴力団に対し、全国の警察は1964～69年にかけて、「第一次頂上作戦（暴力団壊滅作戦）」を展開。弱体化に成功した。だが、70年代に入って、投獄されていた首領や幹部組員が出所すると、組織はより強固で見えにくい集団として復活していく。一方で、資金獲得手段も伝統的な賭博《とばく》、ノミ行為、用心棒等に、覚醒剤密売が加わることになる。

ヒロポン時代やヘロイン時代は、前述の通り、敗戦後の荒廃した社会に日本軍が保有する薬物が放出され、それが引き金となって乱用が拡散した。ところが、70年代は違う。これは、暴力団が自らのシノギのために仕掛けた一大ビジネスと言えるだろう。その頃すでに、日本には薬物乱用の土壌が形成され、依存者も多数存在した。と同時に、所得が倍増して、3Cブーム（マイカー、カラーTV、クーラー）が巻き起こり、歓楽街も盛況を極めていた。享楽的な風潮が高まれば、覚醒剤が売れないはずはない。

抜け目なく時代の雰囲気を感じ取った阪神地域の暴力団が、その頃に覚醒剤の密造技術を韓国に持ち込んだと考えられる。詳細は不明だが、65年に日韓基本条約が締結され、日韓の往来が盛んになったことに乗じて技術が移されたことは間違いない。その頃は規制のなかった韓国で盛んに覚醒剤が製造され、日本に密輸されるようになったのだ。

ヒロポン時代は錠剤と液剤（注射剤）が乱用されたが、70年代の「シャブ時代」の主役は、韓国で密造された結晶状の覚醒剤である。主に海上経路で大阪方面に運ばれ、阪神圏で急速に蔓延した。九州方面やさらには首都圏まで広まり、あっという間に全国に拡散した。私の経験からしても薬物汚染はウイルスの飛散と同じだ。瞬《また》く間に県境を越え、全国に拡散する。統計を概観すると、70年の覚醒剤事犯による検挙者は１６８２人。それが10年後の80年には２万２００人となり、88年まで２万人台という高水準が続く。

ドヤ、あおかん、泥棒市の街「西成」

私は、覚醒剤事犯が急増した80年にこの世界に入り、大阪に配属された。大阪は今も昔も「覚醒剤濃厚地帯」であり、検挙者数は東京を凌駕《りょうが》する。

なかでも、大阪市西成区のあいりん地区とその周辺は最も「濃《こ》い」地域だった。あいりん地区は、日本の高度成長を支えた日雇《ひやと》い労働者の街で、元々は地名で「釜ヶ崎」と呼ばれていたが、66年に国、自治体及びマスコミが使用名称の変更を取り決め、あいりん（愛隣）地区となった。とはいえ、面積は０・62平方キロと狭隘《きょうあい》で、ＪＲ関西本線と私鉄の南海高野線に囲まれた三角地帯である。ちなみに、その東側には、最盛期には妓《ぎ》楼《ろう》が２００軒を数えたという旧遊郭街「飛田《とびた》新地《しんち》」がある。

近年、あいりん地区は外国人バックパッカーの宿泊地として人気を集めるなど変貌を遂げている。他方、日雇い労働者は高齢化が進み、なんと40％が65歳以上の高齢者。大阪市は生活保護の受給者率が日本一だが、とりわけあいりん地区は群を抜いている。かつて多くの労働問題を抱えていたこの街は、今では福祉問題に直面する街へと変わりつつある。あいりん地区は多くの面で日本の縮図。我々捜査官にとっても、自らを成長させてくれた思い出深い街であり、この街の変化には一抹《いちまつ》の寂しさを覚える。

私が取締官に採用された80年当時、あいりん地区には200軒を超えるドヤが存在した。ドヤとは日雇い労働者が利用する簡易宿泊所のことで、もともとは「ヤド」だったところ、いつしか引っくり返して「ドヤ」と呼ぶようになったそうだ。その頃のドヤは高くても1泊1500円程度。木造で老朽化した施設であれば1泊500円も珍しくなかった。日雇い労働者は2万人以上いて、仕事に溢《あぶ》れて「あおかん（青空の下の簡易宿泊所。野宿の意味）」などは当たり前、「スタンド」と呼ばれる立ち飲み屋で昼から飲んだくれてクダを巻く者や、真夏に補修工事中の道路で寝込み、石のように固まったコールタールを髪の毛にぶら下げて歩いている者もいた。毎朝、何千人もの労働者が集まるセンター（あいりん労働福祉センター）には、怪しい手配師がひしめき、仕事を斡旋《あっせん》している。遠目に眺《なが》めると、その人集《ひとだか》りは、競馬場か競艇場のようだった。

早朝には、センターの南側の市道が露天で賑《にぎ》わう。泥棒市や朝市と呼ばれ、偽《にせ》ブランド品に裏ビデオ、軍手など、ありとあらゆる物が並んでいた。ワンボックスカーで賞味期限切れの弁当が山ほど持ち込まれ、1個50～100円で瞬時に完売する。夕方には仕事から戻ってきた労働者から小銭を巻き上げようと、チンピラ達が簡易テーブルを出してサイコロ博打《ばくち》をやっている。前置きが長くなったが、第二次覚醒剤乱用期、いわゆる「シャブ時代」については、このあいりん地区を舞台に話を進めよう。我々の覚醒剤捜査の実態を知るには、あいりん地区の事例が最も分かりやすい。

赤電話で状況を報告

西成区にはあいりん地区を中心に、当時大小60近い組事務所が存在した（17年時点では、10組織に満たないだろう）。最大組織である山口組の二次～四次団体から一本独鈷《いっぽんどっこ》の組織までが、玄関に大きな代紋看板を掲げ、群雄割拠《ぐんゆうかっきょ》していた。

78年7月、京都市の京阪三条駅前のクラブ「ベラミ」で、田岡一雄三代目山口組組長を狙撃した鳴海清が所属していた大日本正義団も、反山口組系列の独立組織の傘下《さんか》であった。大日本正義団は、その後繰り返しの抗争で消滅するが、組員のなかには、著名なシャブ屋が多数存在し、私がいた「近麻（キンマ＝近畿厚生局麻薬取締部のこと。大阪では自他ともに近麻と呼ぶ）」と長期の攻防を繰り広げた。この大日本正義団との戦いは、まだ駆《か》け出しの取締官だった私をずいぶんと興奮させたものだ。

当時、あいりん地区には密売人や密売所が多数集中していた。仲卸から小売りまで一貫して手掛ける組織的密売もあれば、組員個人がシノギとしてやっている個人事業もあった。元組員や周辺者が密売グループを作り、地場を仕切る組に所場代を支払いながら派手にやっている場合もあった。数は少ないが女密売人もいた。全身入れ墨の女ヤクザとも言える姉さんだ。小指を詰めている姉さんには、男のシャブ屋達も一目置いていた。

幹線道路や路地での「立ち売り」、パチンコ屋での客待ち密売、ドヤやアパートの一部屋を利用した密売、組事務所やアパートで電話注文を受けて徒歩、自転車、車両で配達する出前密売など様々な形態があったが、今よりもずっと実態を把握しやすかった。覚醒剤の末端小売価格は袋込みで０・２〜０・３グラム１万円。第２章で解説したように、覚醒剤の価格は現在とほとんど変わらない。

では、この時期、我々麻薬取締官はどのような捜査を行っていたのか。ひと言で説明するなら、完全なアナログ捜査だ。携帯電話はもちろん、ファックス、ビデオカメラ、デジタルカメラ、パソコンといった機材は一切ない。捜査車両の台数も僅《わず》かで、執務室にはエアコンどころか、まともなコピー機すら置かれていなかった。だが、これは相手も同じ。求められたのは体力、忍耐力、記憶力、そして鋭い五感の力だった。まさに「猟犬」のような捜査だ。

今では考えられない苦労もあった。最も大変だったのは通信手段の確保に他ならない。たとえば、張り込み中に売り子（売人）が自転車で動く。我々は徒歩や自転車で追尾するわけだが、その状況を上司や先輩に連絡する手段は「公衆電話」なのである。80年代前半、公衆電話には10円玉専用の赤電話と100円玉が使える黄色電話しかなかった。テレホンカードが一般的になったのは、80年代半ば以降である。黄色電話は長距離用でお釣りが出ない。だから、現場では赤電話を使う。常に10円玉をじゃらじゃらとポケットに入れて持ち歩く。しかし、電話機が設置されている場所は限られており、どうにか見つけても他人が使用中のことが何度もあった。緊急の場合は、商店や民家に飛び込んで頭を下げ、10円を渡して電話を借りていた。

事務所（マトリ本部）からの連絡も大変だ。何しろ、薬物捜査をしていると捜査員がどこにいるのかなど分からない。そのため、現場の捜査員は2〜3時間に一回は事務所に電話をかけ、状況を説明していた。この電話には、安否の確認という意味もある。

捜査用の車載無線やハンディー無線もあったが、交信距離が限られている上に、アナログなので容易に盗聴されてしまう。秋葉原や大阪の日本橋で売られていた「受令機」を用いれば、我々の無線も容易にキャッチできた。組織が運営する密売所や博打場の周辺には、常に「しけはり」と呼ばれる見張り役がいた。路上に立っていることもあれば、車両で待機している場合もあるのだが、車内には受令機が搭載されていることが多く、マトリや警察の無線を察知すると、直ちに合図《あいず》を送る仕組みが作られていた。

通信手段がなくて苦労したという意味で、私が鮮明に記憶している事件がある。

あいりん地区のシャブ屋に踏み込んだときの話だ。現場はドヤの一室。古いドヤだが、歪《いびつ》な構造で部屋はかなり広かった。元ヤクザの男が１人で密売を続けていた。ときどき仲間が訪ねてはくるが、客は少なく、「小者《こしゃ》」なシャブ屋だった。我々は数日間の張り込みの後、簡単に済む事件だと判断し、４人で現場に踏み込んだ。

ところが、室内では８人の男たちがサイコロ博打をしていたのである。想定外だった。

「近麻《キンマ》や！　ガサや！」、「なんやねん、こらー！」

ドヤに怒号が飛び交う。相手はこちらが４人だと知ってさらに増長してきた。まだ一年生だった私が呆然《ぼうぜん》と立ち尽くしていると、先輩が「事務所に電話して応援を求めてこい」と耳打ちする。

私は部屋を飛び出したのだが、1階の玄関にある赤電話は壊れて使い物にならない。管理人の親爺《おやじ》が「電話は外やで、駅前や」と言う。だが、玄関に自分の靴がない。ドヤでは靴がよく盗まれる。仕方なしに裸足で走りながら、「先輩達、大丈夫かな……」と心配で気が気でない。何しろ、倍以上の男たちに囲まれているのだから。

ようやく駅前で電話を見つけて事務所にことの顚末《てんまつ》を伝えると、上司からは、との指示。

「すぐに行く。他班が西成に出ていないか確認する。30分は持ち堪《こた》えろ」

また全力でドヤに引き返すと、さっきまでと打って変わって部屋が静まり返っていた。恐る恐る部屋を覗《のぞ》き込んで驚いた。なんと先輩のひとりが畳に胡坐《あぐら》をかいて、一番強面《こわもて》の男を前に淡々と世間話をしている。

「かしら（若頭）は元気にしとるか。懐かしいの。あいつはええ男や」

まだ本格的なガサは始まっていない。雑談をしながら応援を待っているわけだ。空気は重いが怒号は一切止んでいた。先輩は身体ひとつでその場を支配していた。その迫力に感激して、身体が震えたことを思い出す。

まもなく、予想よりも早く別班の捜査員６人がドヤドヤと雪崩れ込んできた。徹底したガサが始まり、結果、８人のうち大半を覚醒剤所持容疑で逮捕。この先輩の堂々とした、そして柔軟な対応は、私の麻薬取締官人生に大きな影響を与えた。

こんなこともあった。舞台は今度もドヤの密売所だ。Ｄ組の組員が密売しているとの情報が入り、ある夏の日の夕方、先輩と２人で確認へ向かった。先輩からは、「２階の突き当たりだから、部屋の位置を確認してこい。俺はもう一カ所見てくる。15分程度で戻るから反対車線で待ってろ」

と言われ、１人でドヤに足を踏み入れた。例によって土足厳禁のドヤだ。階段で２階に上がり、廊下の突き当たりにある「密売所」を窺った。扉がわずかに開いている。いまでは考えられないほど、いい加減な密売所である。私は欲を出し、室内に誰がいるか確認しようと思った。そっと部屋へ近づき、扉の隙間に顔を寄せた、その瞬間である。後ろから「こら、おまえ、何もんや！」といきなり大声で凄《すご》まれた。その声に反応して、部屋からも男が２人飛び出してきた。１人は上半身裸で入《い》れ墨《ずみ》が満開だ。ギンギンにシャブが効いた目をしている。

私は「あのー、ちょっと」などと言って誤魔化《ごまか》そうとするが、当然ながら通用しない。

「こら！　どこの若いもんや！　こっち来んかい！」と3人に室内に押し込まれた。敵対組織の下っ端と勘違いされたのだろう。「まずいな」と思ったのと同時に、半分開いた部屋の窓が目に入った。窓の下はモータープールである（この時期、大阪では駐車場をこう呼んでいた）。咄嗟に3人を押しのけて窓に突進し、飛んだ。そしてまた、裸足で走った。Tシャツが何かに引っ掛かって破れ、上半身はほぼ裸。ガラスを踏んだのか足の裏に激痛が走り、血が滲《にじ》み出ている。捻《ひね》った足首も痛むが、それでも走った。この地域では当時、誰が倒れていようと、血を流そうと見向きもされなかった。事務所を介して先輩に事情を伝えなければと思うのだが、こういう時に限って公衆電話が見当たらない。開店準備中の屋台に飛び込んで、「電話貸してくれ！」と言うが、「そんなもんあるかい！」と追い返されてしまう。

どうにか電話を見つけて、上司に電話を入れたものの、「アホ！」と一喝《いっかつ》される始末。「センター」の脇《わき》で待つように言われ、辿り着くと、先輩からまた「アホ！」と怒鳴られた。この頃、私は走ってばかりいた気がする。

ちなみに、この密売所には数日後にガサ入れをし、男2人の身柄を押さえている。だが、その翌日には別の密売人が同じ部屋で密売を始めていた。逮捕劇のあった部屋で、間を置かずにシャブ屋を開くなど信じ難い話だろう。

だが、これには理由がある。要は、「部屋に客が付いている」のだ。通信手段が限られていた時代、買う側も同じ「部屋」に通って買うしかなかった。

捜査官の人間力と情熱

あの頃の空気を多少は感じて頂けただろうか。インターネットも、カーナビゲーションもない。地図を頼りに現場に出向き、身体で道を覚え、街を脳に接写した。捜査や情報収集を進める上で、街を覚えることは素晴らしい武器になる。だからこそ、近麻に籍を置いていた20代の私は、大阪の街を歩いた。あいりん地区に新世界、ミナミやキタ。加えて、密輸事犯に対応するため、港湾地区まで足を延ばし、風景を目に焼き付けた。全てのドヤを覚え、組事務所も新装開店したパチンコ屋も頭に入れた。

また、街を知るには、目に見えない「臭い」や「音」を感じる必要がある。「色」もそうだ。街の色は変化する。歩きながら五感で街を覚えるのだ。

勉強のために銭湯にも通った。捜査の知識として入れ墨（刺青）の絵柄を覚えたかったからだ。あいりん地区は他の地域と比べて、暴力団組員が突出して多い。元ヤクザというオッサンも相当数いた。そこで私は、毎晩のように銭湯に出かけ、生《なま》の入れ墨の絵柄を学んだのだ。これも余談だが、私より一回り上の世代は、背中に「唐獅子牡丹《からじしぼたん》」を彫っていることが多かった。これは、大ヒットした東映の任侠《にんきょう》映画「昭和残侠伝」で、主演の高倉健が背中に彫っていた入れ墨の絵柄である。高倉が歌う主題歌の歌詞にも「義理と人情を……背中《せな》で泣いてる唐獅子牡丹」との一節がある。高倉健や任侠道に憧れた若者が、苦痛に耐えながら彫り師のもとで手彫り（針を束ね、人の手で肌に墨を入れる手法）したものだ。近年では全く見ることはない。

また、地域の人脈作りにも奔走《ほんそう》した。

密売情報を得るため、そして捜査を円滑《えんかつ》に進める基礎情報を入手するためだ。近年はインターネットから膨大な情報を手に入れることが可能だ。マトリに寄せられる相談や通報も圧倒的に多くなった。大型密輸事件では海外機関からの情報提供もある。しかし、当時は、地道にヒューマン情報を集めるしかなかった。もちろん、暴力団組織に通じた「協力者」の獲得は重要だが、地域の市井《しせい》の人々も見落とすことはできない。

ポン引きのおばちゃん、飛田の姉さん、ドヤの管理人、パチンコ屋の店員、喫茶店の親爺等々は直接、薬物事件に関与することはないが、リアルタイムの生きた情報をもっている。それこそ、我々が探している人物の居場所を見つけてくれる。「最近、〇〇組の幹部が出所して街が騒がしくなった」といった街の変化を事細かく教えてくれた。

だからこそ、私は労を惜しまずに訪ねた。一度や二度断られても根気よく顔を出す。すると、そのうちにチャンスが訪れる。私の身分を知って警戒感から距離を置かれても、丁寧に接していくと、やがて胸襟《きょうきん》を開いてくれるようになる。ポン引きのおばちゃん達は人生に疲れ荒《すさ》んでいるように見えるが、決してそうではない。彼女達の街を見る目は確かだし、結構したたかだ。

今も昔も優秀な捜査官は押し並《な》べて聞き上手だ。感嘆符を使うのが上手い。そして、粋な笑顔を持っている。雑学も豊富で欲を押し殺し、アフターケアもきちんとする。これは、どの業界でも同じだろう。要は人間力だ。マトリでは捜査官が組織に潜入し、情報を得ることもあるが、結局、これも人間力と情熱があってのこと。誰もができる技ではないのだ。

第5章　イラン人組織との攻防

覚醒剤乱用期の変遷

1970年に始まった「第二次覚醒剤乱用期」は、時代が昭和から平成へと移り変わった94年まで続いていく。

その間、我々は平場《ひらば》の大型事件を摘発《てきはつ》し続けた。私が捜査に携《たずさ》わった事件だけでも相当な数に上るだろう。いまでも胸に刻《きざ》み込まれているのは、私自身が心を痛めたり、強い憤《いきどお》りを覚えたりした悲惨な事件の記憶ばかりだ。

第2章では、81年に東京で起きた「深川通り魔事件」を紹介した。実は、その翌年に大阪・西成でも覚醒剤中毒者による「無差別殺人事件」が発生している。犯人は妻をメッタ刺しにした包丁を、我が子の胸にも突き刺し、さらに次々と隣人に襲《おそ》いかかって、「七人殺傷」というあまりにも凄惨《せいさん》な結末を招いた。現場は飛田新地の西側、木造家屋が密集する下町だった。殺人事件であり、捜査を担当したわけではないが、我々の捜査現場の間近で発生している。当時の新聞記事は未《いま》だに捨てることができない。

手元にある読売新聞の記事（82年2月8日付）を紹介しよう。記事には〈隣に、幻覚殺人魔が！〉〈出所4年また常用〉〈日曜の朝、悪夢の5分間〉〈「お前も刺したろか」いきなり包丁、倒れる主婦〉という見出しが並んでいる。犯人とその家族の名前は伏せてあるのでご了承頂きたい。

〈大阪市西成区で起きた連続殺人事件の犯人・Z（四七）は七年前にも妻を刺して殺人未遂で起訴され、四年前に出所してからも覚せい剤を常用して、ふだんから異常な行動が目立ったという。（中略）近所の人たちの話によると、「ヤク（覚せい剤）をやっている」と広言、毎晩のように大声を出し、壁に頭をぶつけたり、天井裏をはい回り、他の部屋に「オレや」とささやいたりしたという。／また、毎日のようにYさん（妻）とけんか、テレビを壊すなどあばれたうえ、Yさんに殴る、けるの乱暴を明け方まで続けたこともあった。（中略）犯人のZが住む西成区山王のアパート「Mハウス（仮称）」から悲鳴があがったのは、午前九時四十五分だった。／自宅では左胸を刺された妻のYさん（三四）がすでに息絶え、長男のX君（一一）も血にまみれて廊下にヨロヨロと倒れ込んだ〉

その後、家を飛び出した犯人はアパートの住人を急襲し、わずか5分の間に常軌を逸《いっ》した凶行を重ねる。

同日付の毎日新聞も、〈アパート　恐怖のつむじ風〉〈妻子をメッタ刺し　廊下や階段で隣人追い回す〉という見出しを掲《かか》げている。

〈午前九時半すぎ、炊事場で、寝床を抜け出したZの大声。これで目を覚ましたYさんに、Zが突進、左胸を続けざまに二回刺した。Yさんは、夫の両足にすがりつき、必死に抵抗したが、出血がひどく、布団の上に倒れ込み、そのまま絶命。長男もZに組みついたが、振り切られ、胸や腹などを切りつけられた。／救急隊員に助けられた長男は天王寺区の大阪警察病院で手術を受けた。医師は「胸、腕など全身八カ所に刺し傷があり、泣き叫ぶわが子を何度も刺したり、切ったりしたようすがありあり」と表情をくもらせた。母は殺され、親せきなどの姿もなく、一人で耐えた大手術に看護婦も思わず涙――〉〈「自分の命はほしくない。死刑で結構」とZは、西成署の取り調べに平然とうそぶいた。六年半前にも埼玉県入間市で、覚せい剤乱用による幻覚症状から、妻を包丁で刺した犯歴を持つZ。／知人らによると、気が弱く、人当たりのよい性格と粗暴な性格をあわせ持っていたが、最近はアパートの天井裏に忍び込み、隣室をのぞく異常さだっ

た〉

Ｚは少年期から覚醒剤を常用していた。最初の犠牲者になった妻のＹさんを、過去にも刺傷して刑務所に入ったことがある。出所後は妻を飲食店で働かせながら、病気を理由に生活保護を受給し、収入の殆《ほとん》どを覚醒剤に費やしたという。結果、極度の幻覚症に陥り凶行に及んだ。84年４月20日、大阪地方裁判所は、Ｚが犯行時、覚醒剤による心神耗弱《こうじゃく》状態だったとして無期懲役を言い渡している（控訴せずに確定）。

既に発生から37年が経過した事件である。亡くなった方や被害に遭われた方、また、ご遺族のことを思うと、あえて蒸《む》し返す必要はないかもしれない。だが、絶対にこの惨劇を風化させてはならないとも思うのだ。恐怖に脅《おび》えながら非業《ひごう》の死を遂《と》げた被害者や、怒りと悲しみに暮れるご遺族の胸中を思うと、無力感に打ちひしがれてしまう。

たとえマトリや警察がどれだけ目を光らせても、すべての悲惨な事件をなくすことはできない。覚醒剤は人を狂わせるが、惨劇を引き起こすのは常に末端の常用者だ。そして、恐怖に慄《おのの》き、地獄の苦しみを強いられるのはいつも罪のない弱者である。薬物犯罪ほど理不尽なものはない。

「妻の首に包丁を突きつけて人質にしようとした」「年端《としは》も行かないわが子にシャブの

密売を手伝わせていた」「乳児のおしめにシャブを隠していた」「幼児が血痕付着の注射器で遊んでいた」「幻覚から自分の腹を刺した」「自分の娘にシャブを注射した」等々。

我々はひどい事件に繰り返し遭遇《そうぐう》してきた。いずれも犯人は覚醒剤常用者だ。ひとつ間違えば、新たな惨劇を生んでいたことだろう。繰り返し言うが、覚醒剤などやる必要はない。やらない、やらせない、かかわらない、かかわらせない、やった者はすぐに連れ戻す。これを今以上に徹底しなければ、惨劇は必ずまた起こる。

ヒロポン時代とシャブ時代

さて、前述の通り、我が国の薬物乱用は、第一次覚醒剤乱用期〈ヒロポン時代〉、そして、ヘロイン横行期を経て、第二次覚醒剤乱用期〈シャブ時代（70年～94年）〉へと突入した。前章では、私が麻薬取締官に採用された80年当時、つまり、シャブ時代真っ只中の大阪・西成あいりん地区を例に覚醒剤密売の実態を紹介した。

では、同じ覚醒剤乱用期とされる〈ヒロポン時代〉と〈シャブ時代〉はどこが違うのか。その点について簡単に整理してみたい。

まず一点目。前章で解説したように、ヒロポン時代は敗戦後の焼け野原に日本軍が保有していた覚醒剤が放出され、乱用が一気に広まった。一方、シャブ時代は、暴力団が新たな資金獲得手段として本格的に覚醒剤密売に手を染めたことが呼び水となった。薬物が拡散した原因にはこのような違いがある。

次に、ブツが国産の錠剤や液剤から、海外産の結晶に替わったことが挙げられる。シャブ時代当初に出回ったのは韓国産の「結晶」で、くすんだ黄色みがかったブツや、赤みがかった「赤ネタ」と呼ばれるブツも少なくなかった。しかし、韓国での取締りの強化によって、80年代後半からは台湾、さらには中国、北朝鮮などが日本向けのブツの製造・仕出しを担うようになる。

いま振り返ると、台湾産が出回りだした頃に「ブツの質」が一段向上したように感じた。密輸量にも限りがあるせいか、それまでは、末端の小売りでは「アンナカ（安息香酸ナトリウムカフェイン）」「カフェイン」「エフェドリン」などでかさ増しされていることが多かった。酷い場合は、水道水のカルキ抜きに用いる「ハイポ（チオ硫酸ナトリウム）」が混ぜられていた。だが、台湾産はほぼ混じり気なしの白色結晶のみ。密輸量が大幅に増加したせいで混ぜ物が殆どなくなったと記憶している。

続いて三点目。それは、覚醒剤の乱用が一般層にまで浸透し、また、若年化の傾向が顕著《けんちょ》になってきたことだ。これもシャブ時代の大きな特徴だろう。売り手側が新たな顧客を開拓し、販路の拡張に成功したことが窺える。というのも、覚醒剤の密売はひとたび得意客を捕まえると、口コミで客が客を呼ぶのだ。しかも、当時はバブル期。世の中に金が回っていた。自然と遊び方も派手になっていく。そうした時代背景が、覚醒剤の一般層への蔓延にひと役買ったのは間違いない。

ただし、若年層の乱用に関しては別の要因もある。団塊世代の方ならご存じと思うが、60年代後半に新宿駅東口周辺に「フーテン族」と呼ばれる連中が現れた。長髪にジーパン姿の若者たちは、表向きはアメリカのヒッピー文化の影響を受けている。だが、彼らの多くはカウンターカルチャー的な動きに加担するわけでもなく、駅前の芝生に屯《たむろ》して日がなブラブラするのみ。そのうち公然とシンナー遊びを始めた。ビニール袋にシンナー等の有機溶剤を入れて、スースーと吸い込む、あれだ。彼らは本場アメリカのヒッピー同様、大麻やLSDを欲したと思われるが、ここ日本では自由に手に入らない。そこでシンナーを代用品にしたのだろう。フーテン族自体は短期間で姿を消すが、シンナー遊びという行為だけは残り、若者の間に拡散していった。そして、シンナー遊びを経験した若者が、後に覚醒剤使用に移行するケースが目立つようになる。すなわち、当時の

「gateway drug」である。シンナー遊びという現象が、青少年に覚醒剤が浸透した土壌になっていたことは疑いようがない。

そして、最後に挙げられるのが、80年代以降に劇的な進化を遂《と》げた通信機器の存在だ。

ご承知の通り、80年代半ばにはポケットベルや転送電話が登場し、まもなく一般化する。抜け目ない覚醒剤密売人はこれを放っておかなかった。すぐに犯罪ツールとして積極的に活用し、捜査を複雑化させることとなる。さらに、90年代に入ると携帯電話のレンタルが始まる。そして、94年に販売方式に移行するや、瞬《また》く間に全国に普及。薬物売買の現場でも、密売人と客の双方が携帯電話を利用することが常態化する。これによって密売所は激減し、配達密売が一般的になっていく。結果、我々捜査官が密売の拠点を探すのが非常に難しくなった。捜査の労力はこの時期から倍増したと記憶している。この時期は薬物犯罪の大きな転換期とも言えよう。

以上の四点が、「ヒロポン時代」と「シャブ時代」の大きな相違点と分析できる。だが、徹底した取締りの結果、シャブ時代は徐々に沈静していく。実際、覚醒剤事犯の統計を見ても、88年まで2万人台で推移していた検挙者はその後、穏やかな減少傾向を示すようになった。

ところが、この数字は95年に増加へと転じる。さらに、96、97年には再び2万人に迫る勢いに達し、政府はついに「第三次覚醒剤乱用期」の到来を認識せざるを得なくなった。わずかな梅雨時の晴れ間を経て、より複雑な様相を呈した「新シャブ時代」の到来を迎えたのである。

イラン人グループの跋扈

この新たな時代は、インターネットを媒介とした薬物密売買や多剤乱用の一般化、密売組織の多国籍化、また、危険ドラッグの蔓延など、我々がかつて経験したことのない事象が波状的に押し寄せ、「現在」まで連なっている。そう、薬物犯罪の歴史においては、日本はいまも「第三次覚醒剤乱用期」の只中《ただなか》に位置付けられるのだ。

そんな薬物犯罪における新時代の幕開けに際し、私が何よりも驚愕した現象がある。「イラン人」による薬物密売グループの出現だ。実は第2章で記したナイジェリア人グループも同時期に活動を始めたが、当時は小規模で、大麻の密輸以外に目立った動きは見られなかった。また、イスラエル人やコロンビア人の密売人も散見されたが、個人事業的な密売に留まって組織化には至らず短期間で姿を消した。そうした連中を尻目に、薬物密売の世界で一気に存在感を増していったのがイラン人グループだった。

彼らは疾風《しっぷう》の如く現れ、瞬く間に首都圏や名古屋圏、大阪圏を席巻《せっけん》した。島国・日本で外国人が組織化して薬物を無差別密売することなど、果たして誰が想像できただろうか。それも、歴史的に往来のある韓国・台湾・香港・中国出身者ならまだしも、イラン人である。私自身、当初はキツネにつままれたような心境だった。だが、情報収集を進めると、従来の常識を覆《くつがえ》すような、新たな薬物密売の手口が浮かび上がってきた。

当時、イラン人が扱っていた薬物は、エス（覚醒剤）、マリファナ（大麻草）、チョコ（大麻樹脂）、コカイン、MDMA、LSDなど多種多様で、価格は1袋1万円。完全にビジネスに徹しており、風雨のなかでも時間厳守。指定された取引に遅れることはまずない。言葉遣いは優しくフレンドリーで、5袋買えば1袋おまけするなどサービス精神も旺盛だ。イラン人の売人の元には、若い女性や帽子にサングラス姿の著名人がひっきりなしに訪れていた。長年、薬物捜査に携わってきた我々はそうした「客層」に違和感を覚えたものだ。そもそも、暴力団組織が売人を通じて薬物を密売する従来のスタイルは、買い手にとって心理的なハードルが高い。正常な感覚を持つ人間ならば、買ったはいいが、後々、暴力団に脅されるのではないかと勘繰るのは当然だろう。そこに登場したのがイラン人密売人である。彼らのせいで若者の違法薬物に対する規範意識が低下し、多剤乱用が顕著になったのは間違いないと断言できる。我々が逮捕した若者達は、イラン人の密売人について概《おおむ》ねこのように供述している。

「イラン人は怖くない。むしろ、たどたどしい日本語で優しい印象。雨が降っていても電話一本で約束の場所まで届けてくれる。どんなクスリも持っていて、〝はい、これ。またね！〟という感じ。〝今日は僕の誕生日なんだ〟と伝えたら、ひとつプレゼントしてくれたこともあった。彼女と別れたばかりの友達も、〝それはカワイソウね〟とオマケしてもらったみたい。たとえ逮捕されて警察に〝イラン人から買った〟と白状しても、彼らから報復されることはない。外に出ればこれまで通りに売ってもらえる。以前はヤクザ風の兄さんからエスを買っていた。でも、携帯で注文する時から愛想が悪くて、言葉遣いも汚い。それに日本人の密売人が扱うのはエスばかりで、他の薬物はほとんど持ってない。一日に2回買いに行ったら、〝ボケてんじゃねぇぞ！〟と凄《すご》まれたよ。イラン人はそんなことは全く言わないし、女の子1人でも安心して買いに行ける」

10代の若者であってもイラン人は快《こころよ》く薬物を売ってくれるし、後腐《あとくさ》れもない。だが、その弊害は甚大《じんだい》だ。未成年者、なかでも中高生における覚醒剤事犯の検挙人員の推移を見てみると、82年の２１０人をピークに減少し、90年には38人とほぼ鎮静化している。ところが、その後に増加傾向を示すようになり、96年には２４１人、97年には２６２人に達する。言うまでもなく、イラン人組織が若者に薬物を蔓延させた結果だ。この時期から、現場で覚醒剤とともに大麻、ＭＤＭＡなどの薬物も押収されるようになった。いわば「多剤乱用」の始まりで、これもイラン人組織の登場によるところが大きい。

それにしても、どうしてこの時期にイラン人による密売が急増したのか。そして、彼らはどのような経緯を経て組織化していったのか。

イランからの出稼ぎ労働者は、アジアではほぼ日本に集中していた。そもそも、産油国であるイランでは従来、労働力を受け入れる側の立場にあった。ところが、88年にイラン・イラク戦争（80～88年）が休戦となると、不景気による若者の就職難から、イラン人男性の「出稼ぎ」が始まる。問題は、その出稼ぎ先が「どうして日本なのか」という点である。私が分析した範囲では以下のような要素が影響している。

①日本とイランは74年にビザ相互免除協定を締結していて、日本への入国に際してビザが必要なかった。

②日本の出入国管理政策は「ジャパゆきさん」の例を見ても穏やかで、また、日本の賃

金及び生活水準はイランと比較して数段高い。当時の日本は好景気で仕事が溢れ、治安も良好との情報が拡散していた。

③NHKの朝ドラ「おしん」がイランでも大ヒットして日本に好印象を持っていた。

結果、イラン人の若者が、週に1~2便しかないイラン航空の成田便に乗って次々と日本を目指すことになる。

私が捜査で知り合ったイラン人は主にテヘラン南部の出身者が多かったと記憶している。彼らの大半は薬物犯罪とは無縁なごく普通のイラン国民で、元教員など高学歴な者も少なくなかった。ただ生活苦から出稼ぎで日本を訪れただけなのだ。

法務省によれば、88年に日本に入国したイラン人は1万4693人だったが、90年に3万2125人、91年には4万7976人と増加の一途を辿る。不法滞在者の増加や経済状況の悪化等も要因となり、92年にビザ相互免除協定が終了したことで入国者数は次第に減少していく。だが、不法滞在者数は92年がピークで4万人に達している。

彼らは日本に入国すると、まず上野公園や代々木公園を訪れて情報交換を行っていた。公園はある種のコミュニティーであり、職業安定所の役割も果たしていた。仕事や住居を斡旋する日本人やイラン人のブローカーが暗躍し、新規入国者は専ら建設現場での仕事にありつき、日々汗を流していた。

その後、ビザが規制されるようになると多くのイラン人が不法滞在で強制退去処分を受ける。他方、日本人の妻を持ったり、雇用主が在留資格の取得を支援してくれたりするケースなど、合法的に日本社会で生きていく者も少なからず現れた。私の知人にも、事業で成功して積極的に社会貢献を行っているイラン人がいる。現在の在日イラン人に、当時の薬物犯罪者は少なく、真面目な正規就労者やその二世が大半を占めていることを忘れてはならない。一時期の事件報道の影響で「イラン人＝犯罪者」とのイメージは根強く残っているが、これは間違いであると理解した上で以下を読んで頂きたい。

動く「薬物コンビニ」

92年前後のバブル崩壊後、景気が低迷して就労機会が減少すると、不法滞在中のイラン人の一部が不良化し始めた。まずは暴力団から手に入れた変造テレホンカード（以下、変造テレカ）を街頭販売するように。これを転機として、出身地別の小規模犯罪グループが形成され、それを基盤に新たな薬物犯罪組織が誕生することになる。

既にビザ免除協定が終了しているため、この時期に入国してきたイラン人はほとんどが密入国者。偽造パスポートで欧米人になりすますケースが多かった。そんな彼らが集まる上野公園界隈では、変造テレカの販売が盛況を極めていた。彼らはカードの束を握りしめ、「テレカあるよ」と声をかけ続ける。時代はポケットベルが大ブレイクしている真っ最中で、女子高生がまるで電卓でも叩くように公衆電話のボタンをパチパチと弾《はじ》いていた。93年にはテレビドラマ「ポケベルが鳴らなくて」がヒットし、ポケットベルは若者の必須アイテムになった。彼らには、1050円分がたった100円で買える変造テレカは魅力だっただろう。

ちなみに、96年6月17日付の東京新聞には「上野周辺で（中略）不法滞在などで摘発した外国人から回収した変造カードが、半年で100万枚を突破した」との記事が掲載されている。

そして、変造テレカ密売グループから、より利益の上がる薬物密売を組織的に行う連中が現れ始める。彼らはまず、大麻の密売に手を染めた。テレカを売る際に客から「マリファナはないのか」と尋ねられたのか、暴力団から推奨されたのか、それとも自分達で思いついたのか、端緒は定かではないが、いつしか街頭で平然と大麻密売を始めたのだ。そして、大麻が売れると自然、日本では主流の薬物・覚醒剤に目を向けるようになる。さらに覚醒剤で成功を収めると、来日する外国人のニーズまで視野に入れ、コカイン、ＭＤＭＡ、ＬＳＤなど商品メニューを充実させ、一気に多剤化したのだ。いわば動く「薬物コンビニ」である。

イラン人薬物密売グループは90年代初頭から一気にその数を増やした。それと比例するように、94年から薬物事件に絡むイラン人逮捕者が急増。95〜96年には２００人を超え、２００２年には３００人に迫っている。その後も３桁台の逮捕者が続き、10年になってようやく70人まで減少する。ピークは95年から02年だったと我々は見ている。この間に薬物事件で逮捕された外国人のうち、実に30％がイラン人だった。また、他の外国人が単なる自己使用や単純所持事犯であるのに対し、イラン人はそのほとんどが営利目的事犯（密売事犯）。イラン人の活動実態がよく分かる。

翻《ひるがえ》って、我が国の大麻事犯検挙者数を概観すると、93年に当時過去最高の２０５５人に達し、94年も２１０３人が検挙されている（２０１８年には３７６２人検挙）。イラン人グループの出現が、大麻事犯の急増に大きく影響したと思われる。実際、この時期に検挙した若者は「イラン人から買った」と供述するのが常だった。

渋谷、名古屋での無差別密売

なかでも、渋谷のセンター街と、名古屋のセントラルパークでの街頭密売は社会問題になり、世間の耳目を集めた。96年頃から、名古屋の中心街にそびえるテレビ塔のたもとセントラルパークやその周辺には、約10組織、50～60人のイラン人が集まり、通行人に「薬あるよ」「何でもあるよ」と堂々と声をかける。道行く車両に片手を上げてサインを送る。金曜の夜ともなると県外ナンバーの車両も目立つ。

客と〝商談〟が成立すると、密売人はまず代金を受け取って公園の中に小走りで向かい、植え込みからブツを取り出し、戻ってきて客に手渡す。車の場合は窓越しだ。まさに無差別密売である。

マトリも警察も徹底して取締るのだが、密売人がブツを手にしておらず、隠匿場所も転々とさせる。末端の密売人はすぐに入れ替わり、日本人と違って人物の特定も難しい。相当数を逮捕したが、組織の実態は判然とせず、終息の気配も全く窺えなかった。

このような事態に麻薬取締部は、99年4月、東海マトリ（東海北陸厚生局麻薬取締部）に「イラン人薬物密売事件特別捜査本部」を設置し、関係麻薬取締部から手練《てだ》れの捜査員を集結させた。目標は組織実態の解明である。

正確な組織数や構成員数、また、組織内での序列・役割分担を解明し、ブツの流れを把握することを目的に捜査は開始された。我々は定点監視で状況を写真と動画に収めて分析するだけでなく、正規の手続きの下、おとり捜査も行っている。詳しくはお話しできないが、その一部を紹介しよう。

捜査の舞台は、セントラルパーク沿いの久屋《ひさや》大通、午後7時頃――。おとり捜査官Lが客を装って歩いていると、街頭に立つ密売人が「何でもあるよ！」と声をかけてきた。「何がある？」と尋《たず》ねると、「エスでも何でも」と密売人は応えた。20代のイラン人だ。

Lが「ＭＤＭＡ」と伝えたところ、男は頷《うなず》いて携帯電話を掛け始めた。ペルシャ語で何やら話している。数分後、自転車に乗った仲間が現れ、LにＭＤＭＡ２錠が入ったポリ袋を渡す。それと同時に、現場に車が横付けされ、乗っていたボス風の男に代金を渡すよう促される。代金は1万円だ。このボス風の男は流暢《りゅうちょう》な日本語を操《あやつ》り、「この場所は危ないので次からこの番号に電話してくれ」と言うと、携帯電話の番号が書かれたカードを渡してきた。Lは雑談を交えながら色々と話を聞き出していく。

こういったおとり捜査を何度か行い、監視捜査と併せて組織の全体像を把握するのだ。すべてのやり取りを録画録音し、「証拠化」していることは言うまでもない。そして、最初の接触から約8カ月後、ついに一斉捜索へと踏み切った。セントラルパーク西側を仕切るボスをはじめ、関係するイラン人を多数逮捕。覚醒剤を含む薬物を大量に押収すると共に、偽造旅券、売上金、携帯電話などを押収し、公園での無差別密売を事実上、壊滅させた。密売人達は逮捕当初、完全否認の姿勢を見せたが、我々が撮影したビデオを目にして大半は観念し、容疑を認めている。

所変わって、東京・渋谷のセンター街でも、名古屋と同じく2000〜01年にかけてイラン人組織が公然と無差別密売を繰り広げていた。

最盛期には10を超える組織が乱立し、70〜80人の密売人が街頭に立って道行く若者たちに薬物を売っていた。麻薬取締部では、渋谷でも特別捜査を実施。組織の実態解明等を進めるとともに警察と合同捜査本部を設置して、徹底検挙を行っている。

概ね1年で無差別密売を鎮静化させたものの、渋谷では、地元の暴力団がイラン人組織から所場代を吸い上げていることが明らかとなった。そこで、当該暴力団に対する捜査も進め、麻薬特例法第7条「薬物犯罪収益等収受罪」で暴力団幹部等を検挙。簡単に言えば、薬物犯罪で得た収入ということを知ったうえで（情を知って）売上金の一部を巻き上げたということだ。

当時のイラン人は大麻やコカインなどは独自に密輸し、覚醒剤は暴力団から仕入れていた。そして暴力団はイラン人組織に覚醒剤を卸《おろ》す一方、所場代を巻き上げて二重に儲けていたわけだ。イラン人を利用したことになり、強《したた》かであったと言える。現在のイラン人は独自に覚醒剤の密輸を敢行しており、逆に暴力団に卸す場面すら散見される。

大阪での大捜査

街頭密売が壊滅に追い込まれたとはいえ、イラン人組織が薬物犯罪から足を洗ったわけではない。彼らは携帯電話を駆使した「配達密売」をより巧妙化させるようになった。今度は大阪で起きた事件を例に解説しよう。

94年から06年にかけて、大阪には常時4つか5つのイラン人密売組織が存在していた。なかでも、東大阪市周辺で活動していたグループが最も手強かったと記憶している。彼らを監視して確認できた手口は、以下のようなものだった。

午後7時から午前0時にかけて、東大阪市の阪神高速「高井田出入口」や「長田出入口」周辺に、名古屋ナンバーの対象車両が姿を現す。取引場所の目印は深夜営業のコンビニや大型のビル。車両が停止すると、待機していた客が乗り込む。そして辺りを軽く一周し、元の場所に戻ると、客を降ろして車だけがすぐに走り去っていく。車を走らせず、その場で取引することもある。運転は手慣れており、道も熟知している。尾行を試みたものの、運転手は一旦警戒感を抱くと、バックや転回、急停車を繰り返すのでなかなか成果が上がらない。

それでも、要所の交差点で定点監視を続け、取引場所を10カ所ほど割り出すことに成功した。そこで分かったのは、彼らは一晩で平均20人前後の客と接触し、客はいずれも女性を含む若者だということ。客の殆どが車やバイクで取引場所に乗り付け、週末には40人を超えることもある。1カ月に1000万円は荒稼ぎしていることが推測できる。売上げだけを考えれば、「小売り」としては超大物である。ちなみに、車両の名義は、愛知県在住の日本人だったが、所在不明でイラン人たちとの関係性は全く摑めない。そこで我々は、「客」の身柄を確保して、密売人のヤサ（自宅）とブツの保管場所を突き止めてからガサを打ち込む方針を固めた。

24時間体制で捜査を進め、数名の客を逮捕したところ、その全員が、

「イラン人とは午後5時以降に携帯が繫がる。営業時間は午後7時から午前0時まで。注文すると時間と場所を指定される。どんなクスリでも持っていて、1袋1万円。電話

番号と車は頻繁に替わるが、その都度教えてくれる。配達に来る男は日本語がたどたどしいけれど、電話に出る男は流暢だ」

と供述した。客の中には20歳の女子もいて「1人で買いに行ってる。全然怖くない」と証言している。

客との連絡に使われる注文用の携帯電話の番号を調べると、契約者は名古屋市在住の日本人だが、この人物も所在が分からない。我々は犯罪インフラの整備役として使われている日本人であろうと推測。つまり、この組織は名古屋に拠点を置くグループで、名古屋で電話を受け、大阪の小売り担当者（密売人）に電話で指示していると見立てた。

その後、約1カ月の捜査で密売人のイラン人男性のヤサを突き止めた。端的に言えば、安アパートだ。密売に用いる車両は近所のコインパーキングに停められている。アパートの契約者は所在不明のブラジル人で、愛知県から大阪に移り住んだことになっている。このグループが名古屋の組織である疑いは一層濃くなる。

捜査は次の段階に移り、ブツの保管場所の発見が急がれた。私の経験上、密売人は自分の住む部屋には絶対にブツを置かない。密売の開始時間は午後7時。少し早めにヤサを出て、客からの注文を受けて必要最小限のブツを保管先から持ち出し、営業が終わる午前0時過ぎに残ったブツを戻しに行くはずだ。分散保管をしている場合もあるが、元の保管庫が必ずあると睨《にら》んだ。

男は、午後6時過ぎに自宅を出て、取引場所とは反対の方向へと車を走らせる。そして午後7時には、必ず阪神高速下の密売場所に現れる。

日によって多少の違いはあるが、男のアパートから取引場所までは約30～40分。そう考えると、保管場所は自宅から車で10分程度の距離と推定できる。自宅とは別にアパートやガレージ、レンタルボックスを借りているのか――。

我々は小型車両、バイク、自転車そして徒歩でローラー作戦を展開し、隈《くま》なくチェックを続けた。途中、男が密売車両を大阪ナンバーに変更したが、これも見落とすことはなかった。ローラー作戦を開始して半月が過ぎた頃、ある工場街の脇を走る道路上に「名古屋ナンバーの古い軽自動車」が見つかった。男のヤサからは10分以内の距離である。その道は昼夜を問わず交通量が少なく、放置車両や逆駐車両も目立つ。対象の軽自動車も逆駐車だ。その軽車両の使用者を調査すると、例によって所在が定かでない名古屋の外国人。我々はこの車の定点監視を開始した。すると、早速、午後6時半頃に1人の男が現れたのだ。男の乗った車は一旦、軽車両を無視して通り過ぎる。だが、まもなく転回して同じ場所に戻ってくる。相当警戒しているのが分かる。その後、「異常なし」と判断したのか、男は少し離れた場所に車を停め、徒歩で軽車両に近づいてきた。間近で見た男は30代前半で、鍛え上げられた屈強な肉体をしている。押さえるには手強そうだ。男は軽車両の後方に回り、ハッチバック型の軽車両のバックドアを開け、しばらくゴソゴソといじった後、紙袋を手にして立ち去った。客との取引場所を転々とし、午前0時半頃にまた軽車両の前に姿を現した。ハッチバック型の軽車両のバックドアを開け、今度は手ぶらで車に戻った。取引現場までの基本的な行動がはっきりとした。男が日中に現れ、軽車両に乗り込むこともあった。「まずい。移動か」と不安に襲われたが、車をそのまま100メートルほどバックさせただけだった。駐車した場所は、我々が基地局として使っているトラックの真後ろである。おそらく、放置車両と思われないよう、定期的に移動させていたのだろう。

ここに至って、今後の捜査方針について考える段階に入った。

密売人の行動パターンやブツの保管場所は確認できたが、背後にある組織には迫れていない。だが、これ以上待てば、それだけ多くのブツが巷に流れることになる。しかも、密売組織の餌食《えじき》になるのは、薬物の恐ろしさを理解していない若者ばかりだ。私は熟慮の末、ガサを決行することにした。逮捕をもって事態を先へ進めるという判断だ。

我々は令状の取得後、直ちに態勢を敷いた。私の他に5人が特殊トラックの荷台に乗り込んで、ブツの保管場所である軽車両の近くに待機する。外見は宅配便の配送トラックをイメージしてもらえればいいだろう。両開きの観音扉を開けて荷台に入ると、ビデオカメラなど関係機材がセットされている。近くの幹線道路や要所の交差点にも捜査車両を配置して男の動きを待つ。

午後6時15分、「目標が自宅を出て、対象車両方面へ出発」と自宅監視班から連絡が入った。捜査官の間に緊張が走る。トラックに乗り込んだ我々6人の制圧部隊は、荷台の扉を僅かに開き、臨戦態勢を取った。男が到着して軽車両からブツを取り出したところを一気に押さえる算段だ。

ほどなくして「A地点通過」と無線が入る。軽車両まであと5分。「B地点通過」との無線で私は再度、捜査員に向き直り、「あいつがブツを持ったらやる」と指示した。

だがその時、「対象車両付近で子ども数名が走り回っている模様。主婦数人も立ち話中。やばいです」との無線が入った。取り押さえるにはまたとない好機だが、相手は密入国者の可能性が高く、しかも屈強な肉体の持ち主である。捜査官に囲まれれば死に物狂いで抵抗するはずだ。制圧に失敗して取り逃がし、車両で暴走される危険性も否めない。私は無線を手にすると、全員に「流す」と伝達した。血気盛んな捜査員は出鼻を挫《くじ》かれ、「課長（当時の私は近麻の捜査課長）！　しかし……」と食い下がったが、事情を説明して納得させた。

かくして男の車両が到着。その日に限っていきなり軽車両に横付けし、軽車両の後部からブツの入った袋を無造作に取り出し、急発進した。その後、取引場所を流していた捜査班から連絡が入った。「客が数名バラバラに待っています」。これで納得がいった。客が集中したので、ボスから「急げ」と指示されたのだろう。

我々は、気を取り直して営業終了後に男を取り押さえることにした。この日、客の数は40人を超えていただろう。日付が変わった午前0時過ぎに無線が入る。

「目標は対象車両へ向け走行中。凡《およ》そ10分程度と思われます」

約半日間、トラックの荷台に缶詰状態の制圧メンバーに鋭気と緊張が戻った。「ハッチバックを開けたところでやる」と、私は改めて指示。全員が態勢をとった。

「B地点通過。予定通り」

続いての無線で、荷台の緊迫感はさらに高まる。それから数分後、目標の車両が現れた。ゆっくり旋回し、2周したところで停車。軽車両の前方20メートルの位置である。

「よし、来た来た……」と、捜査員が固唾《かたず》を呑《の》む。

男は紙袋を手に徒歩で軽車両に近づく。トラックは軽車両の真後ろに駐《と》めてあるため、軽車両の後部とトラックの荷台が向き合っている。

だが、男はポケットからキーを取り出したものの、そこで手を止め、我々が乗るトラックを振り返ったのだ。なぜかじっとトラックを見つめる男。我々を怪しんでいるのか？　捜査員は呼吸を止め、沈黙を守り続けた。次の瞬間、男が予想外の行動に出た。

「ウオー！」と叫びながら、トラックの観音開きの扉を力任せに開けたのだ。予期せずして、男と我々が顔を合わせる格好になってしまった。予想外の展開に身動きが取れない捜査官。当の男も驚いて固まっている。

寸秒後、私が令状を掲げ、「Narcotics Agent, Police!」と声を上げながら飛び出すと、他の捜査員たちも続いた。男は捜査員のひとりを肩で押し倒し、乗ってきた車と反対方向に走り出した。ブツを投げ捨て、15メートルほど進んだところで男は前のめりに転倒したが、すぐに跳ね起きる。そして、追いかける我々の方を振り向いて身構えると、前屈みになって突進してきた。

「ガツン」という鈍い音と共に、若い捜査官が道端に倒れ込む。残りのメンバーで男を押さえ込もうとするが、今度は肘でひとりが跳ね飛ばされた。そういう私も顔面を殴打されたせいか、前歯が折れてしまった。

それでも、「Narcotics Agent, Police!」「Stop! Police」「Calm down」と繰り返し告げて、何とか興奮する男を落ち着かせることができた。

待機中の通訳が駆けつけ、改めて我々の身分を説明すると、本人は静かに頷いた。逃走する際に投棄したブツを回収して、男は現行犯逮捕された。車両を捜索すると、覚醒剤、マリファナ、チョコ、ＭＤＭＡ、コカインなど多種大量のブツが見つかった。

男はテヘラン郊外出身のシャーロム（仮称）、33歳、独身。取調室で「どうしてトラックの扉を開けたのか」「なぜ我々に突進してきたのか」と質《ただ》したところ、

「あのトラックが昨日から気になっていた。今日は少し扉が開いていて、中から人の気配を感じた。その時は軽自動車のブツをヤクザが狙いに来たと思った。自分は密入国者だ。そんな自分が拉致されようと、殺されようと誰にも分からない。それで逃げようと思ったが、腹が立ったので開けて確かめた。するとあなた方が飛び出してきた」

と説明した。さらに、

「最初、間違って車と反対方向に走ってしまったので引き返した。自分はレスラーだ。日本人の1人や2人、跳《は》ね飛ばす自信はあった」

と、ことの顚末《てんまつ》を説明した。

イラン人組織のメンバーは大半が取調べに対して否認し続けるが、彼は珍しく素直に応じていた。

「自分は1年前に密入国してきた。日本でひと儲けした友人が、帰国してすぐに家を建てた。その話を聞いて日本へ行くことにした。でも、ビザ免除協定は切れているし、正規に申し込んでもなかなか発給されない。それで、カナダ国籍の偽造パスポートと国際免許証を作った」

こうして密入国を果たしたシャーロムは、名古屋に住んでいた同郷の友人に仕事の仲介を頼んだ。その時に紹介された「社長」と呼ばれる人物——。彼こそが薬物密売グループのボスだった。シャーロムが続ける。

「社長は組織の元締《もとじ》めで、その下に社長の片腕や電話受け、小分け係などがいる。自分は何人かいる末端の配達人の1人で、指示を受けてブツを運ぶのが仕事だ。入国直後から半年くらいは名古屋市内で働き、その後、大阪に派遣された。アパートも車も携帯電話も、全て組織が準備してくれた。名義人が誰かは知らないし、聞いたこともない。大阪では、名古屋にいる電話受けから配達場所とブツの種類を指示される。これが午後5時過ぎから午前0時前まで続く。1週間に一回、社長の片腕が名古屋から小分けにされたブツを持ってきて、売上金と売上メモを持ち帰るが、その際に報酬を受け取っていた」

「注文受けの携帯電話番号も定期的に替わる。捜査を免《まぬが》れるためだ。客は若者を中心に200人はいたと思うが、ほとんど顔を覚えていない。待ち合わせ場所で車に乗せ、近くを一回りする間に取引は終わっている。忙しいときはその場で渡す。1袋1万円だが、社長の方針で、5袋買った客には1袋オマケしていた」

「一番人気はエスで、次にマリファナとMDMA。1個売ると配達人は売上の10%を貰える。しかも、〝大阪手当〟が数%上乗せされる。自分の儲《もう》けは1日、1万〜2万円。最も多いときで5万円くらい貰《もら》ったこともある。手にした金は海外の友人を媒介にして少しずつ家族に仕送りしていた。実は、今年中に仕事を辞めて帰国するつもりでいた」

「社長の名前や組織のことは、これ以上言えない。イランの家族のことも全て知られているので……。社長は凶暴で怖い人だ」

そして彼は取調べの最後にこう付け加えた。

「自分は確かにクスリを売っていた。これは悪いことだと思う。でも、一つだけ言わせてほしい。日本の若い子はバカだ。日本は豊かで仕事も沢山あるのに、なぜクスリに手を出すのか。自分にはとても理解できない。自分達は決してクスリなどやらない」

さて、シャーロムの逮捕後、耳を疑うような出来事が起きた。逮捕から2週間も経たないうちに、全く同じ方法で密売をするイラン人が現れたというのだ。現地に赴《おもむ》くと、確かにシャーロムとは取引場所を少し変えただけで、密売のスタイルは一緒。新たな密売人も2カ月後に逮捕したが、シャーロムの失敗を受けてか、ブツの保管場所だけはアパートのバイク置き場に駐輪したスクーターのヘルメットボックス、そしてレンタルトランクの2カ所に変えていた。この男もシャーロムと同じく密入国者で、強制退去歴がありながらペルーの偽造旅券で不法入国していた。名古屋のイラン人組織の一員で、シャーロムの後任として派遣されてきたことは暗に認めた。

だが、事態はさらなる展開を見せる。第2の密売人逮捕の1週間後に、第3の密売人が現れたのだ。取引場所、携帯番号、車は変えているが、やり方は全く同じだ。ところが、今度の密売人はヤサも保管場所も特定できない。車の運転が巧《たく》みで、一瞬で姿を消してしまう。24時間体制で監視を継続して分かったのは、この第3の男が毎日、名古屋から名神高速を使って大阪まで密売をしに来ていたという事実だった。しかも、仕事が終わると、いつも違う入口から阪神高速に乗り、名神や名阪を使って名古屋方面に戻るのだが、三重県内で一般道路に降りるなど、コースはまちまち。結果としてヤサを把握できないまま行方を晦《くら》まされてしまった。彼らの動きから、過去の失敗を踏まえ、捜査の裏をかくことを学習しているように感じた。

客付き携帯電話

それにしても、なぜイラン人組織は逮捕者が出ようと、同じ地域に密売人を送り込み続けたのだろうか。

端的に言えば、客が付いているからに他ならない。前章で、80年代初頭のあいりん地区では、ドヤの密売所、つまり「部屋に客が付いていた」と説明した。我々が密売所に乗り込んで密売人を逮捕しても、その翌日には別の人間が同じ部屋で商売を始めている。これと同じ光景は他の街でも見ることができた。時代は変わって、90年代のイラン人組織の場合はどうか。街頭密売の必需品は携帯電話である。そう、「携帯電話に客が付いていた」のだ。たとえ密売人が逮捕されようと、注文を受ける電話番号が生きていれば、新たな密売人を用意してすぐにでも「商売」を再開できる。

イラン人組織は若者が集う繁華街、クラブ、バーなどで携帯電話の番号を記したカードを渡して客を摑んで行った。そのうち若者同士の間でも彼らの電話番号が交換され、放っておいても客が増えていく。最盛期にはひとつの組織だけで200人を超える客が付いていたと記憶している。そして、顧客の電話番号がメモリに保存された、組織が注文を受けるのに用いる「客付き携帯電話」は何よりも大事にされ、一時は信じがたいほどの高額で取引されていた。

たとえば、あるボスが引退してイランに帰国することになったとしよう。持ち帰っても仕方がなく、客付き携帯は売りに出されることになる。一般企業で言えば、顧客名簿を手渡すのと同じだろう。その場合の客付き携帯の売値は、概ね1000万円前後、最高額は2000万円にも及んだ。算定基準の根拠は、該当電話の1カ月の売上高だという。客付き携帯を巡っては、複数の組織間で入札が行われたこともあるようだ。

もう一点、イラン人組織の特徴について付け加えると、彼らと暴力団の関係は決して悪くない。先に述べた通り、彼らが密売する覚醒剤は概ね暴力団が卸していた。また、渋谷ではイラン人グループが地元の暴力団に所場代を支払っていたし、「ボス」クラスのイラン人で暴力団と親密な関係を築く者もいた。さらには、彼らは日本の暴力団をよく研究している。たとえば、イラン人組織は大阪のあいりん地区には立ち入らない。北九州市や福岡市といった九州の中心部も同様だ。いずれも覚醒剤市場としては魅力的だが、暴力団の支配力が強いと判断したのだろう。そういった地域は意図的に避けていたように思う。ある段階からイラン人組織は青竜刀やナイフで武装するようになったのだが、あくまでイラン人組織間の揉《も》め事に備えたもので、実際に何度か抗争も起きている。だが、暴力団とは終始うまく共存していたと考えるべきだ。

「ジャパニーズドリーム」の体現者たち

隆盛を極めたイラン人の薬物密売は、しかし、我々マトリや警察の徹底した取締りが実を結び、2010年以降、激減していく。10年に70人を数えた検挙者は、15年には18人まで減少した。これはピーク時の1割にも満たない数字だ。

大半のイラン人は本国に戻り、正規の商売を営む実業家となった者もいると聞く。だが、最近になって、再びイラン人組織の暗躍が取り沙汰《ざた》されるようになった。それも、日本ではなく東南アジア各国で。

今度の手口は、ストリートで若者を勧誘して販売するような小商いではなく、歴《れっき》とした覚醒剤の大型密輸である。他のアジア諸国と同様、イラン国内でも覚醒剤の密造技術が進歩すると、第三国を経由して専らイラン産の覚醒剤をタイやマレーシア、インドネシアなどに密輸している。日本で薬物密売のノウハウを習得し、富を手にした連中が、より強固な組織を編成して盛んに密輸を繰り返しているのだ。

第2章でナイジェリア人を中心とするアフリカ人薬物密輸組織「African DTOs（African Drug Trafficking Organizations）」を紹介したが、海外の捜査機関は、このイラン人薬物密輸組織を「Iranian DTOs」と名づけ、アフリカ人組織と同じく最優先の捜査ターゲットに指定した。目下、各国が連携して対策を講じているところだ。

イラン人薬物密売組織の沿革から活動実態について、ポイントのみ解説したが、私は日本の薬物犯罪史を語る上で、彼らのことは避けて通れないと考えている。外国人労働者の存在はいまも日本にとって大きな課題だが、当時のイラン人たちは、そうした流れのなかで生まれた一つの歪《ひず》みと言えるかもしれない。

家族の生活のため、なけなしの預金で偽造旅券を購入して日本へと渡り、建設現場で働き始めたイラン人たち。彼らの一部はより高い収入を求めて変造テレカの販売に手を染め、まもなく、扱う「商品」は大麻や覚醒剤に変わっていった。捜査機関や暴力団を恐れることなく、短期間でストリート密売のスタイルを確立し、携帯電話の普及を利用して配達密売も成功させた。

一度も逮捕されることなく暴利を貪《むさぼ》った者は、まさに「ジャパニーズドリーム」の体現者だろう。そしていま、日本を越えて海外へと進出し、世界を股に掛ける密輸組織を構成するに至った――。

奇《く》しくも私は、捜査を通じてイラン人組織の動向を最初期から間近で見続けてきた。かつて路上で変造テレカを売っていたイラン人たちが、いまや国際的薬物密輸グループを組織するようになったという事実。読者の目にはどう映るだろうか。

第6章　ネット密売人の正体

ネット薬物犯罪の出現

イラン人薬物密売組織の登場が、我が国の薬物犯罪を巡る状況を様変《さまが》わりさせたことはご理解頂けたと思う。だが、まもなく我々捜査官は、それすら大きく上回る激変に直面した。インターネット（以下、ネット）を利用した薬物密売の出現である。ネットは単に薬物売買の手段として用いられるだけでなく、買い手の意識や売り手との関係性、さらに密造や密輸の手口を含め、ありとあらゆる面で薬物犯罪の在り様を変貌《へんぼう》させた。

薬物事犯に限らず、ネットが多種多様な犯罪の温床となっていることは言わずもがなの話だ。猥褻《わいせつ》動画の販売、売春の斡旋《あっせん》、商取引を装った詐欺《さぎ》、盗品や個人情報の売買、名誉毀損《めいよきそん》、著作権侵害、ストーカー行為等々、対象となる犯罪は数知れない。それどころか、犯罪や自殺方法の教示、犯罪加担者の募集、薬物や爆発物の製造に関する情報まで氾濫《はんらん》しており、海外では武器の密売すら珍しくない。しかも、ネットは未《いま》だ進化・拡大の途上にあり、薬物犯罪一つ捉えても、今後一層脅威が増すことは疑いようがない。

我々マトリが、こうしたネット犯罪と真剣に向き合うようになったのは、１９９６年頃である。ネットを媒介とした薬物事犯が、水面下で徐々に広がりを見せ始めた時期だ。なかでも印象深い事例を紹介しよう。

事件は、大学2年生の息子Wを持つ母親の相談から始まった。

地域の集まりで、麻薬取締官による薬物乱用防止の講話をたまたま聞いた彼女。そこで耳にした覚醒剤乱用者の症状が、「最近の息子の言動と似ている」と感じたらしい。

彼女の息子は幼少期から優等生で、補導歴なども一切ない。それでも、どこかスッキリとしない思いを抱えていた彼女は、息子が薬物と無縁であることを証明したい一心でマトリの門を叩いた。具体的な相談内容は、以下のようなものだった。

「このところ、一人息子の様子がおかしいんです。もともとは勉強が好きな穏やかな性格で、友人も真面目な子ばかり。クラブやサークルには入っていないし、不良仲間とつるんでいる様子もありません。それなのに、ここ半年は大学に登校した気配がない。以前は同級生の恋人が訪ねてきましたが、最近は全く顔を見せません」

息子Wの趣味はテレビゲームとパソコンくらいで、外出も駅前のパソコンショップとレンタルビデオ店に出かける程度。反抗期もほとんどなく、手の掛からないとても「良い子」で、大学（有名私大）にも苦労せず現役で合格している。しかし、「半年ほど前から部屋に籠《こ》もりがちで、最近は食事もまともに摂《と》らなくなった。夜は殆《ほとん》ど眠らないようで朝方までパソコンと向き合っています。家庭での会話らしい会話はありませんが、時折、饒舌《じょうぜつ》になって汚らしい言葉を吐《は》き捨てたりと、とにかく気分の変化が激しい。また、お金を1万円、2万円と際限なく要求してくる。家庭教師のアルバイトでお金を貯金してきたはずなので、〝一体何に使うの？〟と尋《たず》ねると〝ネットで本を買う〟とか〝友達に借りたお金を返す〟とかいう要領を得ない返事ばかり。〝お金を盗まれた。いや、落とした〟と混乱しながら平然と嘘《うそ》をつくこともある。お金を渡さないと大声を上げて物に当たるので、ここ2〜3カ月はとても手を焼いているんです」

その頃はまだ母親も、大学でのトラブルや人間関係のもつれが原因で引き籠もっているのだろうと考えていたようだ。実際、本人を説得して診療内科に連れて行ったこともあった。医師からは「ストレスでしょうね。適応障害の疑いもあるので、投薬して暫《しばら》く様子を見てみましょう」と診断されたが、息子の様子は改善しないばかりか、酷《ひど》くなる一方。ここ半年で体重もかなり落ち、げっそりと痩《や》せ細ってしまったという。

「再診を勧めても、息子は〝二度とクリニックには行かない！〟と拒《こば》みます。一度、主人が息子の腕を摑《つか》んで連れて行こうとしたら〝俺に触るな！〟と怒鳴《どな》り、主人の胸ぐらを摑んで押し倒したこともある。息子から暴力を振るわれたのは初めてで、これには夫婦ともショックを受けました。正直、今も息子が怖い……」

母親の言葉は悲壮感に溢《あふ》れているが、その時点ではまだ証拠も何もない状況である。だが、我々捜査官はすでに直感していた。彼女の息子は覚醒剤を使用している、と。

食事を摂らなくなって急激に痩せる、嘘をついて金を無心し始める、人が変わったように感情の起伏が激しくなる等々、相談内容のそこかしこに「特有の症状」が見え隠れしていた。彼女の話を聞いた後で、私はいくつか質問をしてみた。

摘発のいきさつ

――ネットショッピングで何を買っているのか。

「本人は小説やパソコンの部品と話しています。でも、梱包《こんぽう》を解くと怒るので、実際に中身を確認したことはありません。〝もしかしたら裏ビデオかな？〟と疑っていた。宅配便は月に2〜4回届き、封筒が届くこともありました」

――支払いはどうしている？

「分からない。おそらく銀行振り込みだろうけれど」

――現金はどの程度渡したのか。

「半年で50万円に上ると思います。恥ずかしい話で、せがまれるとつい渡してしまう」

――車やバイクは持っているか。

「主人の車が1台ありますが、息子は関心がないようで、免許も持っていません」

――携帯電話はどうか。

「肌身離さず持っています。私が買い与えました」

――息子の部屋には入れるか。

「部屋に入ると烈火のごとく怒り出します。一度、無断で部屋の様子を探ったら激怒して、それ以来、鍵《かぎ》をかけるようになりました。外出する時には扉の外側に南京錠《なんきんじょう》をかける始末。掃除もしていないので、部屋の中は散らかり放題です」

――交際している女性から何か聞いていないか。また、交友関係が乱れている印象は？

「彼女からは何も聞いていない。というよりも、最近は全くうちに寄りつかないので、別れたのかもしれない。同級生の友達はみな真面目で、大人しいタイプですが、最近は彼らとも会っていないと思います」

――腕や足に注射痕はないか。

「まさか！　そんなもの見たことがありません……」

――シンナーや煙草《たばこ》、アルコールの経験はどうか。

「シンナーなんてとんでもない！　煙草は吸わないし、お酒もたしなむ程度だと思いますよ」

――睡眠薬を服用することは？

「診療内科から精神安定剤を２週間分処方されましたが、それ以外にはないと思います」

――突然、ドカ食いをすることはないか。

「終日寝ていて、起きると普段の倍くらいの量を食べる。甘い物もほしがります」

――饒舌になった時はどんな様子か。意味不明のことを口にすることはないか。

「そう言えば主人が、息子を叱《しか》った時に『瞳孔が開いている』と言っていました。それと、夜中に『庭に誰かいる』と大騒ぎになったことが何度かあった」

――体調の変化は？

「もともとは中肉でしたが、半年でずいぶん痩せました。皮膚の艶《つや》が悪くて、汗のかきかたも異常です。時々、ひどい脱力感を訴えます」

――ご両親はパソコンは扱えるのか。

「少しなら扱えますが、息子のパソコンに触ると怒るので」

――息子さんのゴミから、注射器、アルミホイル片、ポリ袋、植物片、錠剤のかけら、グラム数や価格等を書いたメモ等が出てきたことはないか。

「注射器は絶対にありません！　その他は意識したことがないです」

――部屋から何か臭わないか。

「特に感じたことは……」

――もし、覚醒剤等違法な薬物に手を出していたなら、強制捜査、すなわち家宅捜索を行って、場合によっては息子さんを逮捕することになる。その点をどう考えていますか。

「昨夜、主人とも話しました。薬物はやっていないと信じていますが、もし事実なら覚悟を決めている。病院は拒否すると思いますし、連れて行く自信はありません。将来を考えても早く立ち直らせたい。皆さんにお任せしたいと思います」

息子が逮捕される可能性を提示されながら〝覚悟を決めている〟と明言したこの親を、

当時、私はとても立派だと感じた。半年で50万円を渡したのは感心しなかったが、ふつうはそんな決心はできない。よほど悲惨な事態に陥らない限り、親は我が子の逮捕を最後の最後まで避けたがるし、何とか穏便《おんびん》に済ませようとするものだ。

ここに至って我々は、息子Wがほぼ間違いなく覚醒剤を使用していると睨《にら》んだ。入手経路はネットだろう。

その頃、すでにネット上には薬物密売サイトが散見され、我々はそのうちのいくつかを対象に捜査を始めていた。しかし、こうも早くネット密売の「客」と接触することになるとは正直、思わなかった。

私はうなだれる母親に、

「息子さんは、覚醒剤をはじめとする興奮系薬物を使用している疑いがある。何とか息子さんの部屋に入って調べてほしい。どんな些細な証拠でもよいので早急に見つけてもらいたい。それ次第で、捜査が可能かどうか判断させてもらう」

と伝えた。母親は「はい」と小さく頷《うなず》くのみだった。数日後、母親が夫を伴ってマトリを再訪した。大企業の役職に就く、Wの父親が語り始める。

「やっと息子の部屋に入ることができました。息子が外出している隙に、庭から窓に梯子をかけまして……。なんとも情けない話です。それで、ベッドの下や本棚に置かれた雑貨を漁《あさ》っていると、裏ビデオと一緒にこのような物が出てきました」

父親が提示したのは、くしゃくしゃに丸められたアルミ箔と、10センチほどの長さに切断されたストロー、そして、チャックが付いた小型のポリ袋に、簡易ライターなどであった。アルミ片には焦げ跡があり、若干だが残渣《ざんさ》（燃えかす）が付着している。これらの証拠から導き出せる答えは一つしかない。

両親は神妙な面持ちで私の言葉を待っている。母親は心労からか、前回に増して窶《やつ》れた印象だ。だが、ここで真実を伝えなければ、本格的な捜査には乗り出せず、Wを助けることもできない。私は意を決して説明を始めた。

「ご両親にはショックを与えることとなりますが、息子さんは覚醒剤を使用していると十分に疑えます。まず、このアルミ箔に付着しているのは覚醒剤の燃えかすです。裏の焦げ痕は、ライターの火で炙《あぶ》った痕跡。アルミの上に少量の覚醒剤を載せて、下からライターの火で炙って燃焼させ、立ち上る煙をストローで吸い込む。お持ち頂いた息子さんの所持品から疑われるのは、いわゆる〝炙り〟と呼ばれる覚醒剤の使用法です（近年では、アルミ箔ではなく小瓶を使用するケースが一般的）。注射が苦手でも、この方法を使えば容易に覚醒剤を摂取できますし、注射痕も残りません。発見されたライターはそのためのものでしょう。ポリ袋は覚醒剤が入っていたものと思われます。おそらく覚醒剤はネットで買っているのでしょう。これから鑑定に回しますが、覚醒剤反応が出ればすぐさま捜索に移ることになります。お気持ちは分かりますが、息子さんの状態は芳《かんば》しくない。このまま放置すれば健康被害のみならず、最悪の場合、二次犯罪を引き起こす危険性もある。本人も苦しんでいるはずです」

父親は落胆しながらも頷いた。母親はうなだれたままだ。ショックを隠し切れない母親に代わって、父親が切り出した。

「昨夜、息子が妻に絡《から》んできました。〝ケーキ買ってこい〟〝学校に電話しただろう〟と訳の分からない言いがかりをつけはじめ、無視する妻の肩を背後から摑《つか》もうとしました。さらに、止めに入った私を突き飛ばし、壁にコップを投げつけながら部屋に閉じ籠もってしまいました。妻のことを『ババア』と呼ぶようになるなど、本当に人間が変わったみたいで……。息子が覚醒剤に手を出していたなんて本当にショックですが、捜索でも何でもやってください。病院へは行かないと思いますし、入れてもまた繰り返すでしょう。一罰百戒。本人にきちんと反省させた上、立ち直らせたいです」

「ブツが届いた。明朝やる」

翌朝、Wの部屋から見つかった品々の鑑定結果が出た。我々の予想通り、アルミ片、ストロー、ポリ袋のいずれからも覚醒剤の成分が検出された。捜査員から電話で結果を伝えられた父親は、

「……分かりました。息子はあれ以来、部屋に閉じ籠もったきりです。捜索はいつでも構いません。それと昨夜、また、息子宛てに宅配便が届き、本人が受け取っています」

それを聞いた私は、直ちにガサを打つことを決めた。

「ブツが届いた。明朝やる」

捜査員にはそう指示を出した。慌《あわ》ただしく令状請求の準備が始まり、夕方には裁判所から令状の発付を得る。そして、翌朝、閑静な住宅街にある相談者宅に踏み込んだ。

Wの部屋は2階の一室で、部屋の中から施錠《せじょう》されている。ノックして声をかけてもドアは一向に開かない。仕方なく、父親の承諾を得て鍵を破壊した。

部屋に入ると、Wは呆然と立ち竦《すく》んでいる。我々の身分と来意を告げても、なかなか事態を呑《の》み込めない様子だったが、まもなく、

「汚ねぇ！　おまえらがチンコロしたのか。こそこそしやがって！　覚えてろよ！」

と目を剝《む》いて喚《わめ》きながら、父親に摑みかかった。強面の捜査官が割って入り、

「おい！　自分のやってることが分かってんのか！　ええっ！」

と一喝する。すると、さっきまでの勢いはどこへやら、Ｗはすっかり黙り込み、それどころか震《ふる》えが止まらなくなった。

そんな息子に、父親は毅《き》然《ぜん》とした態度で語りかける。

「そうだ！　俺が麻薬取締官に相談した。おまえのためだ。覚醒剤をやって何になる。このバカ野郎！」

先ほども触れたが、この父親のように、薬物に溺《おぼ》れた子どもに正面から対峙《たいじ》するケースは珍しい。多くは、「自分たちが麻薬取締部に相談したことは内緒にしてほしい。決して近所にも言わないでください。あと、事件が新聞に載ることだけは勘弁してもらえないでしょうか」と様々な要望を持ちかけてくる。同時に、捜索への立ち会いを拒否する親も少なくない。その気持ちは理解できる。我々も、後難を回避する観点から、可能な限り要望には応じてきた。だが、他の親と違って、この父親は逃げなかった。だからこそ、私はこの事件をいまだにはっきりと覚えているのだ。

話を戻そう。我々はWに対して、覚醒剤に関係するブツを全て出すよう促《うなが》した。するとWは憮然《ぶぜん》とした表情で、「知らねぇよ。関係ねぇだろ」と態度を硬化させた。そこで再び強面の捜査官が登場し、「おい、それでいいんだな。本当だな！」と凄む。そして、すかさず柔和な物腰の捜査官が「大丈夫だよ、心配いらないから」と諭《さと》す。アメと鞭《むち》の説得が奏功して、Wはたじろぎながらもバッグのなかや机の引き出しから「関係証拠品」を次々に取り出してきた。ガサが終了する頃には、数袋の覚醒剤に、様々な使用器具が出揃ったが、それに加えてMDMA、大麻、大量の睡眠薬、さらには未使用の注射器まで見つかったのである。

捜索終了と同時に、Wは覚醒剤所持で現行犯逮捕されることになる。だが、いざ逮捕というところで、「ワーッ！」と叫びながら階段を駆《か》け下り、逃亡を図《はか》った。当然ながら、待機していた捜査員に制止され、逃走防止のためにワッパ（手錠）を掛けられる。Wは涙ながらに抵抗を続けるが、もはやどうにもならない。そんな息子の姿を見た母親は膝から崩れ落ち、最後まで毅然とした態度を崩さなかった父親の頬にも涙が伝った。我々捜査官にはお馴染《なじ》みの光景だが、両親には人生の一大事に違いない。たとえ覚悟を決めた親であっても、子どもが逮捕される瞬間は冷静ではいられないのである。

覚醒剤をどう入手したのか

逮捕から数日間は酷い倦怠感を訴えて取調べに難色を示したWだが、徐々に落ち着きを取り戻し、次のように自供している。母親の言葉通り「素直な」子だった。

「自分はパソコンが大好きで、暇さえあればネットサーフィンしていた。そのうちにアダルトサイトを通じて裏ビデオを買って楽しんだり、掲示板で猥褻《わいせつ》な情報を仕入れるようになった。ある時、掲示板で薬物の話題が盛り上がり、〝エス（覚醒剤）は集中力が増すし、眠気もストレスも吹っ飛ぶ。頭もすっきり、セックスにもいい〟と目にした」

　それがきっかけで覚醒剤に興味を持つようになったW。ネットで「エス」を検索すると、いとも容易《たやす》く密売サイトに辿り着いた。そこには、〈氷（覚醒剤の隠語）あります。0・3グラム＝10000円、1グラム＝50000円〉などと書いてあったという。

「エス以外にもハッパ（大麻）でも何でも売っている。まずいとは思ったが、1年ほど前に思い切ってメールでエスを注文してみた。すると、宅配便で届いたのは背表紙のある書物だった。首を傾げながらページをペラペラとめくったら、小さな袋に入ったエスが挟《はさ》み込まれていた」

薬物の代金は、メールで知らされた銀行口座に振り込む。その後、口座番号は何度か変更されたが、入金は常に銀行振り込みだった。また、Wは薬物の使い方もネットで学んでいる。アルミホイルの上に覚醒剤を載せ、下からライターの火で炙り、立ち上る白い煙を手製のストローで口から吸煙したという。Wの供述は続く。

「初めてエスの煙を吸った時はすこしむせたけど、効果は凄まじいものだった。吸ってまもなく、髪の毛が逆立つような、背筋がスーッと冷えるような錯覚に襲われた。身体の中から力が漲《みなぎ》って何でもできるような気になったんだ。一晩中疲れることもなくパソコンに集中することができたし、嫌なことも忘れストレスが吹っ飛んだ。これに嵌《は》まり、エスを買っては使い続けた。セックスの際に興奮が高まると聞いていたので、彼女と一緒に使ってセックスしようとも思い、エスということを隠して煙を吸うよう彼女に勧めた。吸煙が嫌ならジュースに溶かして飲め、と無理強いしたこともある。でも、彼女は、『これやばいクスリでしょう。エスじゃないの。どうして？　バカじゃないの？　一体、私を何だと思ってんの？　絶対に嫌！』と激怒。以来、関係が冷え込み、疎遠《そえん》になってしまった。彼女はとても優秀で気丈な性格だった。悪いことをしたと後悔している。言い逃れになるけど、自分はエスで頭の中が壊れていた。エスをやって興奮して、いやらしいことばかり考えていた。両親や彼女には、本当に嫌な思いをさせた……。一方で、エスを続けると眠れなくなる。ネットで調べたところ、〝ハッパを吸って睡眠薬を多めに飲むとぐっすり眠れる〟という記述があったので、掲示板に携帯の番号が書き込まれていた別の密売人から、ハッパと睡眠薬を入手した」

捜査官が、なぜ部屋にエクスタシー（ＭＤＭＡ）と未使用の注射器があるのか質《ただ》すと、

「エクスタシーは、〝セックスに効く、特に女には効果てき面〟とネットの掲示板に書いてあったので、半信半疑でエスと一緒に10錠くらい買った。結局彼女は会ってくれないので、飲ませることができなかった。自分で飲んだら、エスと同じような興奮効果があり、同時にハッピーな気分になった。耳の感覚も変化して、音楽が鋭敏にというか、音の粒子が細かく聞こえるんだ。でも、効果が切れてくると、どうしようもない不安感に襲われ、憂鬱《ゆううつ》な気分が続く。とにかく後味が悪いから、自分はエスの方が好きだ。注射器は、一度注射でやってみようと思い買ったもの。でも、怖くてやれなかった」

ネット以外でたとえばイラン人グループから薬物を手に入れたことはないかと聞くと、

「自分はネットで買っただけ。イラン人が路上で密売しているのは聞いたことがあるが、怖くて行けない。それに外では警察官に職務質問されたり、逮捕されたりする可能性も

ある。自分の友だちにもエスをやっている人間は1人もいないので、全てネットで買った。ネットは相手と会う必要がないので、ネットショッピングと同じ感覚で注文できる。薬物の購入代金は、自分の貯金と母から貰《もら》ったお金を充《あ》てていた。1年ほどで200万円以上は使ったと思う」

お分かり頂けただろうか。Wは覚醒剤を入手するまでに誰とも直接会っておらず、使用方法も知人等から教わったわけではない。もし銀行振り込みの作業もネット上で済んでしまえば、部屋から一歩も出ることなく薬物を入手できてしまう。若者を手玉にとって販路を拡大したイラン人密売グループとは異なる、新たな密売システムの出現である。無論、ネットを利用した薬物密売が現在、Wの事件当時よりもさらに巧妙化していることは言うまでもない。

さて、少々話は逸《そ》れるが、先ほど触れたMDMAについて少しだけ解説を加えたい。

MDMAは、「3,4-メチレンジオキシメタンフェタミン」という、フェネチルアミン類に属する合成麻薬で、日本では89年に麻薬に指定された。類似物質としてMDAやMDEAがあり、摂取すると覚醒剤のような興奮作用と共に、LSDに似た幻覚作用を覚える。外部に対して多弁となって、周辺にいる人物との親近感が増す。

他方で、使用者の多くはなぜか薬効時に歯を噛《か》みしめたり、歯ぎしりを繰り返したりする。そして薬効が消失すると、翌日まで不快感や不安感を持ち越すことになる。依存性も強く、体温や血圧の上昇、心拍数の増加も顕著。不整脈や高体温症を起こして死に至る場合も少なくない。

ＭＤＭＡは、エクスタシー、ＸＴＣ、エックス、バツ（Ｘをカタカナに読み替えて）、ＡＤＡＭ、錠剤、タマといったスラングで呼ばれる。主として、海外ブランドの商標ロゴが刻印されたカラフルな錠剤が出回り、１錠３０００～５０００円で売られている。専らクラブやディスコで、ダンスを踊る際に用いることから「クラブドラッグ」との呼び名もある。とりわけ「ＲＡＶＥ（レイブ）」という、ダンス音楽を一晩中流し続けるイベントやパーティーでは必須アイテムとされ、会場に持ち込む者が後を絶たない。大音量を浴びながら、ＭＤＭＡの興奮・幻覚作用に酔いしれ、一緒に踊る仲間との連帯感も高まるというわけだ。05年以降は、それまでのＭＤＭＡに留まらず、覚醒剤や麻酔薬（ケタミン等）がミックスされた混合錠剤も出回るようになったが、これは成分内容が不明なだけＭＤＭＡより危険な物質と言うことができる。いずれにせよ、クラブドラッグという響きや、ポップでカラフルな錠剤のイメージも相まって警戒感が希薄になりがちだが、そこにこそ落とし穴があるのだ。

ネット事犯の特徴

話を戻そう。被疑者Wから押収したパソコンを精査すると、ネット密売人や、掲示板で知り合った薬物仲間との交信メールが多数残っていた。そして、彼らが違法薬物について相当な知識を有していること、また、覚醒剤への嵌まり具合が尋常ではないことなどが容易に見てとれた。

さらに、捜査官はWの恋人にも事情聴取を行っている。以下は、彼女の弁である。

「Wとは大学に入ってすぐに交際を始めました。聡明《そうめい》でとても優しかったけれど、半年ほど前から激瘦《げきや》せし始めて、性格も短気で疑り深くなった。平気で嘘をつくし、会うとセックスを求めるように……。つい最近も、覚醒剤らしき白い粉を〝これをやると気持ちよくなる。ネットの知り合いから貰った。違法ではない〞と言って、執拗《しつよう》に勧めてきました。私が断って帰ろうとすると、汚い言葉で私を罵《ののし》ったり、平謝《ひらあやま》りしたりで、とても驚きました」

彼女はこの時点でWが覚醒剤を使っていると確信したようだ。気丈な彼女は何度も、覚醒剤を止めなければ別れると説得した。しかし、Ｗは「お前もやったら俺の気持ちが分かる。絶対にやめるから信じてくれ。おまえも共犯者だ」と喚《わめ》くばかりで何も変わらなかったという。

「学校にも出てこないし、夜中に電話があったかと思えば、〝庭に誰かいる！〟〝おまえ彼氏がいるだろう？〟と意味不明の発言を繰り返すようになりました。深夜に自宅まで来られたこともある。その時は、自分の兄に『彼と喧嘩《けんか》した。今は会いたくない』と伝えて追い返してもらった。彼には逮捕を機に覚醒剤をやめてもらいたい。立ち直ってくれるなら、もう一度付き合ってもいいと思っています。でも、やめなければもう二度と会いたくないです」

彼女は意志が強く、また、薬物の危険性も十分に認識していたため、覚醒剤に手を出すことはなかったが、若いカップルが同時に逮捕されることは珍しくない。「先に男が覚え、まもなく女に勧める」という現象が頻繁に見られるのだ。

あくまでもネットが普及し始めた初期における買い手側のエピソードだが、ネット密売の大枠は現在も大差ない。その特徴を列記すると以下のようになる。

①周辺に薬物仲間がいなくても、容易に覚醒剤等の薬物を入手可能（通常は必ず周辺者

から勧められて手を染める)。
②非対面方式の売買であり、匿名性も高いため、買い手に警戒感がない。
③ネットショッピングと同じ感覚なので罪悪感も希薄になる。
④様々な薬物の情報が入手できるので、多剤乱用に走りやすい。
⑤周辺者が存在しないため事件が発覚し難《にく》い。被疑者が独り暮らしの場合はほぼ外部から把握できない。

後日談だが、Wは覚醒剤、麻薬、大麻の所持等で起訴され、執行猶予付きの判決を受けている。実は、我々は彼が数年以内に再犯に及ぶのではと心配していた。だが、Wは我々の心配をよそに専門病院で治療して見事に復学を果たしている。

Wの両親が真剣に更生を手助けしたことは疑いようがないが、恋人も積極的に支援している。彼女がWをクラブ活動に誘い、メンバー全員で大学生活を謳歌《おうか》したとのことだ。

このように、「孤立させない」ことが再犯を防ぐには最も重要だ。Wは大学卒業後、「お世話になりました。もし逮捕されていなかったら？　――もう大丈夫です。両親や彼女が支えてくれました。目標もできました」と担当官に電話してきている。捜査官が仕事の達成感を覚える瞬間でもある。

ネット密売時代の幕開け

この事件から暫《しばら》くして、同じくネット密売時代の幕開けを予感させる次のような事件も起きた。

我々が被疑者宅に踏み込んだとき、テーブルの上には多種多様の睡眠薬が散乱し、その横には錠剤を磨《す》り潰《つぶ》すのに用いる乳鉢《にゅうばち》が置かれていた。これで錠剤をパウダー状にして、コカインのようにスニッフィング（鼻腔から吸引）するわけだ。部屋には宛名が記載された睡眠薬入りの封筒も多数置かれ、さらには覚醒剤も——。これはどういった事件の現場なのだろうか。

被疑者は、30代前半の女性会社員である。未婚で独り暮らし。前科の類《たぐい》もない。ただ、過労や職場のストレスからパニック障害を発症したことがあり、その後も突然訪れる強い不安感が災いして動悸《どうき》やめまい、呼吸困難に苦しめられていた。そのため、彼女は心療内科クリニックに通院し、その都度、多くの種類の向精神薬（精神安定剤・睡眠薬等）を処方されていた。だが、症状はなかなか回復せず、病休を取得したまま休職に至った。問題はここからである。

ストレスに耐え切れなくなった被疑者は、医師の指示を守らずに向精神薬の過剰摂取を始める。薬を飲めば一時的に気分は晴れるのだが、処方された分はすぐに底をついてしまう。そのため、彼女は「薬をなくした」と嘘をついて再処方を受けるようになった。とはいえ、この手口は何度も通用するものではない。

そこで思いついたのが、いわゆる「ドクターショッピング（多重受診）」だった。つまり、心療内科や精神科を片っ端から受診するのだ。自分の住んでいる県の外にもクリニックを探して出掛けていく。症状を重く伝え、また、長期処方を要望して多種多様な向精神薬を大量に入手するようになった。

この時点ですでに彼女は依存症に陥り、薬品に対する耐性が生じていた可能性が高い。何しろ、一日に10錠を超える薬品を平然と服用していたのだから。そんな彼女が次に手を出したのは、先のW青年と同じくネットの密売サイトだった。入手に処方箋が必要な向精神薬についても、覚醒剤と同じく多数の密売サイトが存在しているのだ。

彼女はそうしたサイトで薬品を漁《あさ》り、ついには海外の密売サイトにも手を出すようになる。高学歴で英語もそこそこ解する彼女にとって難しいことではなく、何よりも、薬品の値段が日本のサイトよりも格段に安かった。海外から国際郵便で大量の薬品を仕入れるようになる頃には、過剰摂取を始めてから半年が経とうとしていた。摂取量はさらに急増し、清涼菓子のフリスクでも口にするように、終日、ポリポリと錠剤を噛み続けた。さらに、コカインのようにスニッフィングで粘膜吸収すると、より効き目があるとの情報をネットで入手した彼女は、早速、乳鉢を購入。錠剤を磨り潰して鼻腔から〝ズー、ズー〟と吸引するまでに。数種類の錠剤をブレンドすることもあったようだが、我々から言わせると「命懸《いのちが》けの行為」である。

結果、意識が朦朧《もうろう》として常識的な判断ができない状態に陥るのだが、それでも彼女の行動はエスカレートする。今度は覚醒剤だ。ネットで買った覚醒剤の興奮作用で身体をシャキッと起こすのだ。と同時に、覚醒剤と向精神薬を交互に使用する多剤依存にも陥っていた。命懸けを通り越して、もはや「自殺行為」と言うべき状況だ。だが、この状況を維持するには、当然ながらお金が必要だ。彼女は若い頃から蓄えた貯金を取り崩して購入費用に充《あ》てていたのだが、さすがに底をついた。そんな彼女が思いついた資金獲得手段は、なんと自分の経験と知識を活かした「ネット密売」だった。海外から向精神薬を安価に仕入れ、それをネットで売り捌《さば》くのだ。実際、それなりの客が付き、売上げも予想以上。ネット密売人として成功してしまうのである。

だが、密売に手を染めたことで、彼女の存在は我々マトリの情報網に引っ掛かってしまった。ほどなくマトリの精鋭部隊が彼女の自宅にガサ入れを決行する。指揮官は私が信頼するベテラン捜査官で、当然ながら少々のことで驚く人物ではない。ところが、電話で現場の状況報告を受けたところ、

「参りましたよ……。部屋中がゴミとブツだらけです。被疑者に一定の判断能力はありますが、状態は芳しくありません。罪悪感も何もないですし。危ないですよ、これは」と悄然《しょうぜん》とした声で伝えてきた。私も気になって現場に足を運び、彼女の状態を確認したのだが、受け答えはしどろもどろで、どこか他人事のように飄々《ひょうひょう》としている。目の焦点も合わず、瞬《まばた》きをしない。何を問われても、「そうですね……」「私はね……」「大変ですね……」などと、抑揚のないゆっくりとした口調で何事かを語っているものの会話にならないのだ。「これは入院を先行すべきかな」と思い、直ちに受診させたところ、「定期的な診察は必要だが、勾留には耐えうる」との診断。被疑者も、勾留延長した時点でどうにか平静を取り戻し、覚醒剤所持と向精神薬営利目的所持で起訴。そして、執行猶予付きの判決を受けた。ところが、彼女はW青年と違い、再犯に及んでいる。それも判決直後に向精神薬の密輸を図り、再度我々に逮捕されたのだ。

この事件を振り返ると、重要なポイントが二つ挙げられる。

錠剤をそのまま服用するのではなく、磨り潰して鼻腔粘膜から吸収し、効果を高めるスニッフィングという常用者の使用法をネットから学んだという点。次に、薬物使用者がネットを利用すれば、容易に「薬物密売人」になれてしまう点だ。

つまり、日常的に薬物を入手している使用者がその気になれば、一夜にして密売人と化すことができるわけだ。これがネットの恐ろしさである。前述のW青年もパソコンに通じていたため、母親がお金を渡さなければ、ネット密売を始めていたかも知れない。まとめて仕入れれば価格は下がる。それを小分けして売れば利益も上げられる。ネットの普及が、薬物事犯に与えた影響の甚大《じんだい》さをご理解頂きたい。

ネットで薬物を売る側の実態

日本における本格的なネット時代の到来は、「Windows 95」の日本版が発売された95年11月に遡《さかのぼ》る。午前0時に全国で同時発売を試みるなど、それまでのPC関連商品とは一線を画《かく》す大々的なキャンペーンが世間の耳目を集めたことも記憶に新しい。私が初めてパソコンを買ったのもこの時期だ。確かHDDの容量1ギガのノート型パソコンが40万円だったと記憶している。Windows 95はネットに接続するためのプロトコル「TCP/IP」と、ウェブブラウザ「Internet Explorer」を標準搭載したことで、ネット接続のためのOSとして爆発的な売上げを記録し、この年はパソコン・インターネット普及元年と呼ばれた。その影響は同時にアンダーグラウンドの世界にも波及する。事実、翌96年に入ると、ネット上の掲示板に薬物密売を示唆《しさ》する広告が散見されるようになった。

インターネットは世界中のありとあらゆる情報を呑み込み、闇の販売網をも含め、無限に拡散する。時代の空気を読むのに長《た》けた薬物密売組織、そして海千山千の売人たちが、こんな魅力的な新市場を黙って見過ごすわけがなかった。彼らは直ちに、かつ敏感にネット市場に反応を示し、新たなビジネスへと乗り出した。

ネット時代の初期から続く最もオーソドックスな手口は、ネット上の掲示板に隠語を用いて密売広告を書き込むことである。

〈エス10000、草（大麻の隠語＝註・著者）3500あります。大量購入には割引もいたします〉

といった簡易な内容から、

〈全国アイス（覚醒剤の隠語＝註・著者）専門。近くに販売店の無い方、無駄な交通費をかけず配達料もかからず、安全なお取引をご利用ください。質が良いのは当たり前、量も正味でご提供。詐欺に遭《あ》われないかご心配な方、初回のみお試し0・1からのご注文を受けますので、お気軽にお問い合わせください。0・1：5000（初回のみ）、0・2：10000、0・5：20000、1：30000、P：1000〉

などと通販サイトと見紛《みまが》うほど丁寧な説明書きを寄せる広告もある。

ちなみに「P」とはポンプ、注射器を指す隠語で、「P：1000」は「注射器1本1000円」という意味だ。

自らホームページを作成する輩《やから》も少なくない。無料でサーバーを提供するサイトを利用し、密売薬物の種類、数量、金額、連絡先のフリーメールアドレスや携帯電話番号を掲載する。危険ドラッグの密売では平然とブツの写真も載せていた。客は電子メールか携帯電話で注文し、指定口座に代金を振り込む。そして、宅配便や郵便で指定場所まで届けて貰うのだ。営業所や局留めも可能で、口座は架空名義、携帯はいわゆる飛ばし携帯（他人名義）が一般的である。

本格的なネット密売時代に突入したのは、マイクロソフトから電子メールソフト

「Outlook」の搭載された「Office 97」が発売された97年のこと。99年には「Yahoo! メール」や「Microsoft Hotmail」といったフリーメールサービスが日本でもスタートし、Google の Gmail も2004年のβ版を経て09年に正式版の運用が始まった。携帯電話の世界でも1999年にドコモのｉモードサービスが誕生。その後もウェブ環境は飛躍的な進化を遂げ、2007年にはついに iPhone が登場することとなる。総務省の調査によれば、18年時点のモバイル端末（携帯電話、スマートフォン等）の世帯普及率は95・7％、うちスマートフォンの保有率は79・2％とされる。こうしたデジタル環境の急速な発展・普及がネット密売の爆発的な拡大に拍車をかけることになったのは間違いない。近年では Twitter などのＳＮＳが密売に利用されることも多い。大麻については、ブランド銘柄で広告している場合もある。例えば、

〈低価格！　氷（覚醒剤の隠語＝註・著者）、ブルーベリー（大麻の銘柄）、タマ（ＭＤＭＡの隠語＝註・同）あります。宅配ＯＫ、都内手渡しも可能、連絡先〇〇〇－〇〇〇〇－〇〇〇〇〉

といったものである。

また、ネット密売問題を複雑にしているのは、一定時間が経過すると自動的に投稿の

メッセージを消すことができる「テレグラム」や「ウィッカー」といったSNSでのメッセージングアプリの流行だ。交信したメッセージが消失すると、逮捕後にパソコンやスマホを解析しても、証拠となるデータが発見できない。

さらに、2015年に我々が約2年間かけて摘発した危険ドラッグ大型密売事件では、密売手口がより進化していた。詳しくは後述するが、このとき、我々マトリは警察と連携して、日本全国に存在した危険ドラッグの販売店を壊滅に追い込んだ。だが、危険ドラッグが完全に消え去ったのかと言えば、残念ながらそうではない。危険ドラッグ市場は確実に縮小しているものの、ヘビーユーザーは未だに相当数存在する。一方で、店舗型ビジネスを潰された販売グループは地下に潜伏し、離合集散《りごうしゅうさん》を繰り返しながら数グループの大手に統合されていった。そして、彼らはヘビーユーザーに対し、かつてない手口を駆使して密売を続けていたのである。

薬物を仮想通貨で決済する

彼らは海外サーバーに「S-WORLD Online Shop」なるホームページを開設。そこで、〈合法ドラッグ、合法ハーブ、スパイスシリーズ、スパイスダイヤモンド、スパイスゴ

ールド、オーラブレンド、リサーチケミカル、ラッシュ、ビデオヘッドクリーナー販売〉

と、販売広告を堂々と公開していたのだ。だが、より重要なポイントは他にある。この密売の新しさは、ウエスタンユニオン（海外送金システム）を用いて海外を経由しながら金を動かし、決済手段として仮想通貨（ビットコイン）を使っていたことだ。このグループの顧客の大半は仮想通貨の口座を開設して、そこから代金を振り込んでいた。

我々は捜査本部を設置し、手始めに客を装いながら危険ドラッグを買い取る捜査に着手した。ホームページでは合法ドラッグと謳《うた》っているが、実際に郵送されてきたブツは違法なものばかり。ここまでは想定通りだ。

しかし、なかなか捜査は捗《はかど》らない。仮想通貨を用いる上に海外を経由しているため、ネットの接続記録を入手し難く、有益な情報まで辿り着けないのだ。

「手強いです。長期化しますが、とことんやらせて貰えませんか。必ず潰します」

担当課長からそう聞いた私は、

「数年かかってもかまわない。やれ！」

と指示したのだった。

普段はハウンドドッグ（猟犬）のようにシャブ屋の動向を追う強面の捜査官が、馴染みの薄いネットの仕組みや海外送金システムを苦しみながら学び、捜査を続けた。メールの交信記録やIPアドレスを調査しながら、金の流れを地道に解析しつつ、客足の特定や確保にも努めた。

地道な捜査の結実

捜査着手から約2年が過ぎる頃、ようやくそのシステムの片鱗が見えてきた。首都圏の数カ所の郵便ポストから毎日レターパックを投函している人物を突き止めたのだ。

実は、捜査開始の当初から捜査官が疑問に感じていたことがあった。この組織は、顧客には海外に送金させるのに、ブツはなぜか首都圏からレターパックで送られていたのだ。そのため、ブツも国内に保管されている可能性が高いと考えられた。

郵便ポストまで割れれば、あとは我々が得意とする地を這うようなアナログ捜査の出番である。不審人物が現れるたびに徹底した追尾と監視を繰り返し、複数の関係者を炙り出した。同時に「倉庫」と思《おぼ》しき住居の割り出しにも成功したのである。

その住居は神奈川県川崎市内の閑静な住宅街に位置する2階建ての家屋。一見何の変哲もない、ファミリー向けの物件だ。早々に捜索令状を取得し、捜査員約30人が踏み込んだ。まもなく、担当課長から一報が入る。

「凄いですよ。倉庫どころか、完全に〝工場〟です。危険ドラッグの製造機械に大量のブツ。これにはおったまげました……」

この事件では男女8人の被疑者を逮捕したが、彼らの身柄と共に、次々と関係証拠品がマトリに搬送されてくる。その量はトラック4台分余りに上った。内訳はこうだ。大型攪拌機《かくはんき》に大型扇風機、油圧プレス機、遠心分離機といった、危険ドラッグを製造するための器具、機材。さらに、原料となるハーブ約1・6トンに指定薬物や麻薬等約20キロ。これらが製品化されていたら危険ドラッグ等約52万個分に達し、末端価格で300億円以上になると推計された。

私は約40年間、薬物捜査に従事してきたが、日本国内でここまで大型の密造所を摘発したのは初めてだ。「ついに日本もここまできたか」とショックを受けたのを思い出す。

捜査の結果、次のような報告が私のもとに届いた。

「逮捕した8人のなかに、暴力団や薬物犯罪組織の関係者はいない。ただ、ヨーロッパの大手薬物犯罪組織の日本営業所長が黒幕的な存在として見え隠れしている。このグループの売上推計額は月2000万～3000万円。客数は推計5000名。グループ内でブツの輸入・保管、製造・小分け、客との連絡・発送、会計などの役割分担が決められており、連絡はいずれも〝消えるSNS〟で取り合っている」

これ以上はお話しできないが、「黒幕」が知恵をつけたにせよ、素人同然のメンバーがこれだけ大規模な販売網を展開できたのは、ネットの存在によるところが極めて大きい。

「ダークネット」の脅威

さて、ネットにはさらに厄介《やっかい》な存在も浮上している。「ダークネット」（「ダークウェブ」とも）だ。

一般的な検索エンジンには引っ掛からないネット空間のことで、特定のソフト「Tor《トーア》（The Onion Router）」をインストールし、これを経由してウェブサイトにアクセスする仕組みだ。身元をほぼ完全に隠せるという特徴があり、「Tor 秘匿サービス（Hidden Service）」と呼ばれている。ご記憶の読者もいると思うが、2012年に起きた「パソコン遠隔操作事件」で有名になったソフトだ。この時、容疑者は Tor で身分を秘匿して他人のパソコンを操作していた。

　現在、ダークウェブの海外サイトには、とても「違法」とは思えないほど大量かつ簡易に薬物が密売されている。その光景は、メルカリのようなフリマ通販サイトで、画面上に所狭しと商品が陳列してあるものに似ている。なかには日本語版も存在し、多少のＩＴ知識さえあれば誰でも密売人になれるし、誰でも違法薬物を購入可能である。しかもTorを経由すると接続経路を割り出すのは極めて困難。裏を返せば、薬物密売には最適な環境と言えるだろう。

　ここで、ＩＴに詳しい30代の密売人の話を紹介しよう。彼が薬物の密売に手を染めたのは13年頃のことだった。

「直接的な動機は、手早く起業資金を稼ぐためです。過去にエスとハッパを掲示板で買ったことがあって、ネット密売の事情は概ね理解していたので気軽な気持ちで始めたんです。最初は、ネットで多めに仕入れ、小分けにして売る簡単な手口で細々とやっていました。その後、より効率的に稼ぐために裏サイトで仲間を２人募り、私が資金管理と海外のサイトからのブツ仕入れと小分け、仲間の１人が客からの注文受け、もう１人が発送という役割分担を決め、掲示板やＳＮＳで積極的に宣伝し始めた。３カ月もすると

100名以上の客がつき、多種大量のブツの仕入れが必要になりました」

コミュニティサイト「爆サイ」で受け子（ブツの受け取り役）を募集すると、一回につき1万円の報酬につられて多数の応募があったという。彼は5人を採用し、中身が何かは伝えないまま、各地で小口のブツ（隠匿した国際郵便）を受け取らせて「商売」を続けた。

「ブツは私に郵送させたり、近隣の駅のコインロッカーに入れさせたりして受け取りました。仲間2人の〝給与〟は当初、1日1万円だったものが1日3万円にまで跳ね上がり、売上げによってはそれ以上を支払うこともありました。実働2年間でひと財産を築いたのですが、ちょうどその頃、派手なホームページで商売していた密売人がマトリに逮捕されたことをニュースで知りまして。〝これは危ないな。何か安全な方法はないだろうか〟と考え、ダークウェブに辿り着いたわけです。海外のTorサイトでは薬物が山ほど販売されています。そこから安価なブツを仕入れ、日本版Torサイトで販売する。その準備に入った矢先です、あなた方マトリに逮捕されてしまったのは……」

彼はネット密売の売人の気持ちをこう語っている。

「仕入れ先とも顧客とも顔を合わせないので、違法な薬物を売っているという罪悪感は薄い。ネットなら暴力団とかかわる必要もありません。SNSや掲示板に、客の購買欲を煽《あお》るようなキャッチコピーを載《の》せてしまえば、後は適当な銀行口座とフリーメール、飛ばしの携帯電話だけで商売を始められます。口座や携帯も、ネット上で他人名義の物を手に入れるのは簡単ですよ。その気になれば規模はいくらでも大きくできます」

そう嘯《うそぶ》く彼だが、わずかな期間で築いた「財産」の行方を質すと、

「いや、商売は儲《もう》かってても金は残らなかった。大きな買い物をすれば目につくし、銀行に大金を預ければ足がつく。だから、全て遊びに使ってしまいました。真っ当に働いて手に入れた金じゃないから結局は身につかない。要するに泡銭《あぶくぜに》なんですよ」

ネット密売人の正体

危ない橋をわざわざ渡る必要もなければ、客や仕入れ先と顔を合わせる必要もない。それゆえ、多くのネット密売人は罪の意識とは無縁である。そこで思い出すのが、プロ級のＩＴ知識を有し、３カ国語を解する20代のエリート青年だ。彼もまたマトリに逮捕され、取り調べに対してこう述べている。

「一体、どこにミスがあって発覚したのか分かりません。ネットで集めた仲間とはお互

いに顔を合わせたこともないし、飛ばしの携帯を使って〝消えるＳＮＳ〟でやり取りしていた。僕自身は家も持たず、ホテルを転々としていたし、出掛ける時はいつもサングラスに帽子、マスクをつけていた。ブツは殆《ほとん》どが外国産で、決済は仮想通貨。うーん、どう考えても足がつかないはずなのに、どこでミスを犯したんだろう……。刑務所でゆっくりと分析してきます。次は完璧を目指しますよ」

彼の口から発せられた言葉は、自らの罪を反省するものではなく、自分のミスで逮捕されたことを身勝手に悔やんでいるだけに聞こえる。確かに、彼は驚くほどＩＴと薬物知識に通じていた。そしてまた、驚くほどの自信家だった。だが、彼は分かっていなかった。どれほど時代が移り変わろうと、薬物犯罪には必ず「人」が介在し、人が動けば必ず痕跡《こんせき》が生じるということを。そして、その痕跡に気付いた瞬間、捜査官の五感にスイッチが入り、昼夜の別なく走り出すということを。

では、こうしたネット密売にマトリはどう対峙してきたのか。現在進行形の捜査に支障が出ない範囲で少し触れておこう。

まず我々が進めているのは、捜査官の専門知識の向上である。

適材適所という言葉もあるが、如何《いかん》せん、マトリは常態的な人員不足である。ハウンドドッグとして鳴らす捜査官にも、ITや金融の知識を理解、習得させなければ捜査が膠着《こうちゃく》する。「IPアドレスにドメイン、仮想通貨……。一体、何の話だ！」と喚いていた強面達も、研修や訓練を継続したことで、今では「OSやソフトウェアの機能向上によって……」などと口にするようになった。かくいう私もITは苦手分野で、スマホすら満足に使いこなせない。そのため、若い捜査官に習って必死に学んだ。自分より30年も後に生まれた後輩が、30年前に生まれた大先輩のように思えたものである。

また、捜査官に知識を叩き込むのと同時に進めているのは「専門家」の育成だ。ネット密売における証拠固めは、コンピュータや電磁的記録媒体のなかに残された記録を収集するところから始まる。無論、消去されてしまったデータも可能な限り復元・解析して「証拠化」しなければならない。この作業を〝デジタルフォレンジック〟と呼び、習熟したエンジニア並みの知識と技術が必要となる。マトリでは目下、デジタルフォレンジックの専門家を徹底的に育成しているところだ。

そして、具体的な対策としては、金融監督機関と連携して不正な送金情報に目を光らせるほか、チームを編成してインターネットを隈《くま》なく監視（サイバーパトロール）、薬物密売情報の収集、分析に努めている。

また、ネット上に書き込まれた露骨《ろこつ》な有害情報はプロバイダーに削除要請を求めるが、これが海外の場合はすんなりと進まないケースも多い。薬物犯罪を助長する情報は、麻薬特例法第９条（あおり又は唆《そその》し＝公然と薬物犯罪を実行すること、あるいは、規制薬物を使用することの決意を生じさせるような、または既に生じている決意を助長させるような刺激を与える行為）違反で摘発する場合もある。明らかな薬物密売広告は捜査へ移行するが、最も有効な手段は覆面捜査官がブツを買い取る「譲受捜査《ゆずりうけ》」だ。一種のおとり捜査とも言えるが、これを端緒に周辺情報を収集しながら突き上げてゆく。時間を要する捜査だが、最後は被疑者を割り出して土俵に引きずり出すことができる。

過去に警察は、覚醒剤密売に利用されると知りながら掲示板を管理し、取引を手助けしたとして、ネット掲示板の管理人を覚醒剤営利目的譲渡の幇助《ほうじょ》（手助け）容疑で摘発している。これも効果的な手法と言えよう。日本最大の掲示板「２ちゃんねる」の開設者は、前述した麻薬特例法第９条違反の幇助で摘発されている。

インターネットを介した薬物犯罪は後を絶たない。ついにはダークネットまで出現した。今後、ネット密売が、我々マトリの捜査対象として最大の脅威となるだろうと、身をもって感じるところだ。

第7章　危険ドラッグ店を全滅させよ

薬物の「パンデミック」

2014年、池袋や天神で起きた「暴走事件」では、制御を失った車両が歩道に乗り上げて歩行者を次々と撥《は》ね飛ばし、先行車両に猛然《もうぜん》と突っ込むなどして多数の死傷者を出した。池袋の事件での、涎《よだれ》を垂れ流す異様な運転手の姿をご記憶の方も少なくなかろう。

この「涎男」以外にも、愛知県知立《ちりゅう》市では上半身裸の男が、奪った拳銃を発砲して警察官を負傷させ、東京・世田谷では隣室の女性宅に押し入った男が奇声を上げながら女性に切りつけて11カ所もの怪我を負わせている。海外の捜査機関からも、〈錯乱した男が通行人の顔を食いちぎった〉〈男が隣家に侵入してペットの犬を噛み殺した〉などという、常軌を逸した被害情報が続々と届いた。

これらの事件の引き金となったのは、当時大流行していた「危険ドラッグ」である。

新聞やテレビも昼夜を問わず危険ドラッグに関するニュースを流し続けた。

この時期、国内の危険ドラッグの推定使用者数は約40万人。14年だけでも、使用した危険ドラッグのせいで１１２人が死亡、乱用者が運転する自動車の暴走で４人が交通事故死を遂げている。検挙者はその多くが初犯で８９７人（前年の約5倍）を数え、うち乱用者は６３１人。病院への搬送者も６００人を超えるなど、異常な事態に陥った。

１９９０年代初頭のイラン人薬物密売組織の出現、90年代半ばのインターネットを媒介とする薬物売買の台頭といった出来事と比べても、危険ドラッグの蔓延は我々捜査官に別次元の衝撃を与えた。何しろ危険ドラッグは、日本の薬物犯罪史上類を見ないほど悲惨な事件や事故を、凄まじいペースで誘発し続けた。いま振り返れば、もはや薬物犯罪というよりも、得体の知れない猛毒ウイルスがもたらした「パンデミック」、あるいは、日本中に猛毒が無差別散布された「テロ事件」と呼ぶのが相応《ふさわ》しい有り様だった。

危険ドラッグとは何か

危険ドラッグとは、どんな薬物なのか。そして、なぜこれほど悲惨な事態を招いたのか。その点を解説するために、まずは日本の薬物規制について簡潔に触れておきたい。

その方が危険ドラッグを理解しやすいはずだ。

そもそも、我が国では依存性や精神毒性を有する薬物や植物を、「麻薬及び向精神薬取締法」や「覚せい剤取締法」をはじめとする薬物5法で厳しく規制している。ところが、90年代半ばから、麻薬に似た作用を有する未規制の薬物、いわゆる脱法ドラッグ（現在の危険ドラッグ）と称される物質の乱用が散見されるようになった。

国は、これに対応するため「薬事法」（現在の「医薬品、医療機器等の品質、有効性及び安全性の確保等に関する法律」＝通称「医薬品医療機器等法」）の「無承認無許可医薬品販売（医薬品としての承認や許可を受けないでの販売）」を用いて取締る一方、成分の有害性が確認されれば「麻薬」に指定して取締りを行う方針を立てた。しかし、である。

無承認無許可医薬品販売として取締りを行うためには、医薬品としての定義「人又は動物の身体の構造又は機能に影響を及ぼすことが目的とされている物であって、機械器具等でないもの」に該当しなければならない。つまり、人間や動物が摂取することが前提となるが、ここで「逃げ道」を考える輩《やから》がいたのだ。実際、危険ドラッグは「芳香剤」「お香」などと用途を偽装して、摂取を目的としないという建前で店舗販売されていたため、取締りが極めて困難だった。同時に、危険ドラッグの成分を麻薬に指定するには、その有害性を厳密に立証する必要がある。当然ながら、それには多くの時間を要するため、そうそう簡単に規制できないという課題もあった。

こうした問題を解決すべく、国は2006年に薬事法を改正（施行は07年）。麻薬よりも緩やかな基準で、かつ迅速に規制可能な「指定薬物」というカテゴリーを新たに設けて取締りを進めることとした。これが、無数に生み出される危険ドラッグを速やかに規制することを可能にした「指定薬物制度」である。

ちなみに指定薬物とは、「中枢神経系の興奮若《も》しくは抑制又は幻覚の作用（当該作用の維持又は強化の作用を含む。）を有する蓋然性が高く、かつ、人の身体に使用された場合に保健衛生上の危害が発生するおそれがある物」（有害性は詳しく解明されていないが、使用すると極めて危険な麻薬様の物質）と定義される。

すなわち、日々新種が誕生する麻薬の類似品（脱法ドラッグ類）については、ひと先《ま》ず「指定薬物」として規制し、その後の研究によって有害性が明らかになった場合には、「麻薬」に〝格上げ〟する仕組みを構築したわけだ。

麻薬に指定されれば法定刑が重くなることは言うまでもない。指定薬物の販売等の法定刑は最高で5年以下の懲役若《も》しくは500万円以下の罰金、またはこれを併科。他方、麻薬は最高で無期若しくは3年以上の懲役、または1000万円以下の罰金と格段に重い。

話を戻そう。ここまでの流れを踏まえて定義すると、危険ドラッグとは、「麻薬等に類似する有害物質を含み、多幸感や快感、幻覚作用などを得る目的で使用される製品の総称」となる。そこには乾燥植物片、液体、粉末、錠剤といった様々な形態があり、合法ハーブ、お香、芳香剤、ビデオクリーナー、アロマ、入浴剤、試薬等と称して繁華街の店舗やインターネットで販売されている。

危険ドラッグは、未規制の物質のみならず、指定薬物や麻薬を含有していることも珍しくない。もともとは「合法ドラッグ」「脱法ドラッグ」「脱法ハーブ」などと呼ばれていたが、これでは危険性が伝わらないと考えた国は、14年7月、統一名称を公募して「危険ドラッグ」に呼称を変更している。

厚生労働省は、個々の物質の有害性や危険性、また、人体に使用した場合の影響等を調査し、迅速に指定薬物に指定するほか、包括指定（既に規制されている物質の基本骨格の置換《ちかんき》基を変えて次々と新しいものが作り出されるため、予《あらかじ》め網《あみ》を掛ける目的で一定の物質群を包括して指定すること。後述する合成カンナビノイド類や合成カチノン類が対象となっている）も導入したが、一時は、指定を上回るスピードで次々に新種が作り出され、「先の見えないイタチごっこ」「取締りの限界」などと揶揄《やゆ》されたこともある。

参考までに付け加えると、製薬会社が医薬品を世に出すためには、通常10～15年の月日と、数百億～数千億円の費用を要する。ところが危険ドラッグは僅《わず》か数週間で新種が出現していたのだ。

危険ドラッグは、作用が大麻と酷似する「合成カンナビノイド」（包括指定を含め、19年7月現在約７７０物質を規制）と、覚醒剤様の興奮作用を持つ「合成カチノン」（同じく約１３００物質を規制）に大別される。ただ、ＬＳＤ様の幻覚物質や、異種混合物があったり、複数の麻薬等が混入されていたりと、どう作られているのか全く見当もつかないのが実情だ。合成カンナビノイドの中には、既に指定薬物を経て麻薬に指定されているものや、大麻の１００～３００倍の効果を有するものまである。私に言わせれば、危険ドラッグは「毒」そのもの。いや、人間を一瞬で狂気に走らせる「猛毒」に他ならない。

いつ現れたのか

現在の危険ドラッグの起源は2004年頃にまで遡る。

その頃、欧米で「スパイス（Spice）」や「K2」と呼ばれる商品が人気を集めた。端的に言えば、これらは合成カンナビノイド系の物質が添加されたハーブで、異なる製造会社から「合法大麻」として販売されていた。まもなく、効果が2倍という「スパイスゴールド」が出現。続いて4倍の「スパイスダイヤモンド」など、関連商品が続々と世の中に送り出されて、08年頃から日本国内でも流行の兆しが現れ始めた。

輸入された危険ドラッグは、日本ではいわゆるアダルトショップやヘッドショップ（喫煙具等を販売する店舗）で売られていたが、すぐに多種多様な製品が国内でも調合されるようになる。店舗はカフェ風で、看板には「合法ハーブ」という宣伝文句。これが瞬く間に全国に広がり、13年末から14年3月までには全国で大小215店舗が確認されるまでになった。なかでも日本屈指の繁華街である新宿・歌舞伎町では、0・2平方キロ内に5店舗以上が存在したこともある。店舗では、サイケデリックな図柄や写真がプリントされたパッケージにハーブが詰められ、公然とショーケースに並べられていた。ハーブ以外にもボトル（通称「ロック」）入りのパウダー、リキッドから錠剤まで取り揃《そろ》えていた。最盛期の商品数は200種類を超えていただろう。

ハーブは煙草のように吸煙するため、吸煙ブースを設けている店舗もあった。危険ドラッグ用に自動販売機が設置されていたこともある。

1袋3000〜5000円が相場で、厚生労働省のホームページで、ある「物質」の規制予定が公表されると、その物質を含む危険ドラッグが1袋500〜1000円で乱売されたこともある。一方で、インターネット上にも多くの危険ドラッグ販売サイトが存在し、国内だけでも100件、海外を含めれば優に300件は超えていた。

著名な商品は「スパイス（Spice）」シリーズ、「Ash」シリーズ、「ALADDIN」シリーズ、「総帥《そうすい》」、「K2」、「Heart Shot」など。「Ash」はカチノン系。「ALADDIN」はカチノンと合成カンナビノイドの混合物で、その他は合成カンナビノイド系である。池袋の暴走運転手が使用していたのは「総帥」で、これには「AB-CHMINACA」、「5F-AMB」という2種類の合成カンナビノイドが含有されていた。さらに、短期間で10人の死亡者を出したのが「Heart Shot」で、「5F-ADB」という強烈な合成カンナビノイドが含有されていた。これはもはや〝猛毒〟という以外に形容のしようがない。

他の薬物と比較しても、危険ドラッグは格段に多くの事件や事故を引き起こした、と述べた。では、その要因はどこにあるのか。

当時を振り返ると、次のように分析できる。専門的な表現は割愛して説明しよう。

そもそも危険ドラッグは、覚醒剤のように長年乱用されてきた、いわば「伝統的な薬物」ではない。俄《にわか》に出現した未知の薬物で、それも膨大な種類が存在した。

覚醒剤の場合、一回の使用量は0・03グラムから、最大でも0・1グラム（これは自殺行為だが）という「常識」が存在する。ところが、危険ドラッグには未知の物質が多く含まれ、また、医薬品ではないため使用量の目安すらない。たとえ同じ銘柄でもブツによって化学物質の含有量はまちまちで、さらに、同一系統の物質が2種類、時には異なる作用の物質や複数の麻薬が混入されていることもあった。結局、専門家から見ても得体の知れない代物ばかりなのだ。これを無闇《むやみ》に摂取すればどうなるか――。

まず脳の神経が破壊され、予測不能な行動をとるようになる。自己制御ができなくなるわけだ。嘔吐《おうと》や動悸《どうき》ならまだしも、痙攣《けいれん》、カタレプシー、精神錯乱、意識・呼吸障害、高体温症、高血圧、不整脈など、重篤な健康被害が一気に発生し、時に「即死」に至ってしまう。

危険ドラッグ全盛期における医療現場の困惑は、捜査現場の比ではなかった。知人の救急救命医から次のような話を聞いたことがある。

「金曜の夜に、痙攣を起こして白目を剝《む》いた20代の男性が救急搬送されてきました。すぐに呼吸と心臓の様子を確認し、気道を確保したところ容態は安定したのですが……。その男性が突然飛び起きて、気管チューブを引き抜いて大暴れし始めた。スタッフ総がかりで取り押さえようとしたものの、看護師を殴って飛び出して行ってしまった。それだけじゃないんです。翌週の土曜の夜、なんとまたもや同じ患者が搬送されてきた。今度は身体を硬直させながら奇声を発している。5人で取り押さえて、応急措置によってどうにか状態が安定したと思われた矢先、朝方になって様子が急変。我々を突き飛ばして再び逃げ去ったんです。何人もの看護師がケガをしていますし、医療費の請求すらできない。危険ドラッグというのは一体、何なんですか……」

病院スタッフの困惑と恐怖は想像に難くない。まるで怪物に取り憑《とつ》かれた人間を相手にしているような感覚だったのだろう。

爆発的に流行した理由

では、どうして危険ドラッグがこうも爆発的に流行したのか。

ある乱用者（大学生・20代・女性・ひとり暮らし）の供述をもとに解説していきたい。

「最初は合法と聞いていたんです。もちろん、事故が起こっていることは知っていましたが、渋谷や新宿のお店では公然と売っているし、お酒と同じで使い方さえ間違わなければたいしたことない、と。勝手にそう思っていました。そんなある日、彼氏と新宿で食事をしたんです。そうしたら、大麻経験のある彼が〝ハーブやってみようよ。みんなやってるし、ハッパと違って合法なんだ。すぐそこのお店で買ってカラオケで盛り上がろうよ〟と言い出しました。私は誘われるまま歌舞伎町へ。お店は雑居ビルの一室にあって、出入口の前に〝ハーブ〟と書かれた看板が置いてありました。10畳ほどの店のなかでは、同世代のごく普通の男女が、ショーケースに並ぶ数十種類の色鮮やかなパッケージを眺めていました。壁には『注意事項——あくまでも香りを鑑賞するものです。人体への摂取を目的とした販売はしておりません。未成年への販売は固くお断り』という注意書きが貼られていましたが、その横には〝キャンペーン中〟とか〝セール中・ポイント2倍〟、それに〝お友達を紹介したらワンショットサービス！〟などと、可愛い文字で書かれたチラシも貼ってありました。基本的には若者向けのカジュアルな雑貨店というイメージ。その店の雰囲気のせいで警戒心が完全になくなりました。

若い店員さんに〝ハーブ、はじめてなんだけど、お勧めは？〟と彼が尋ねると、〝うちのはアロマですよ。でも、使い方はお客さんの自由です〟と言いながら、〝これが売れ筋です。ナチュラル系だけど効きますよ〟と〝Spice〟と書かれたパッケージを指差しました。値段はキャンペーン中で3000円。思ったよりもはるかに安い印象です。それで1袋買って早速カラオケ店に入りました。部屋に入ると彼は煙草を取り出し、葉を取り除いて代わりにハーブを巻紙に詰めました。それを2人で交互に吸ったんです。普段は煙草も吸わないので軽くむせましたが、何服かするうち妙に幸せな気分がこみ上げてきて胸がワクワクする。深く吸い込むと効き目が強く出たのか、流れてくる音楽の臨場感が増して彼の顔が歪《ゆが》んで見えました。それからは彼の喋《しゃべ》ること全てが面白くなって、ケラケラ笑い続けていた記憶があります。彼は〝3グラムでこれは安いよな。ハッパは1グラムで5000円か、1万円はする。ハッパより効くわ、すげぇ！〟と言い出して大騒ぎ。私もなぜだか嬉しくなって一緒に騒いでしまいました」

これを機に彼女は彼氏と共に毎週末、ハーブを吸煙するようになる。その後、彼氏とは別れるのだが、それでもハーブの誘惑を断ち切れず、ひとりでハーブ店に通い始める。店員に勧められるまま、安価になった規制直前のハーブを次々に購入し、吸煙する日々。

ネットショッピングまで始めて、多種多様な製品を経験し、使用量も回数も急増する。まもなく、友人にも勧めて、皆で購入したブツを分け合うようになった。

「はじめて体験してから1年で、完全にハーブ漬《づ》けの生活になってしまいました。一度意識を失って〝怖い〟と感じたものの、それでもやめられなかった。貯金の100万円はハーブで使い果たしました。それ以降は大学にもほとんど行っていません」

たまたま彼女のマンションを訪ねてきた母親が、ベッドで痙攣している娘を発見。救急車を呼んで入院させたものの、退院すると、またすぐにハーブを使い始めた。途方に暮れた両親がブツを持って我々のところに相談に来たことで事件が発覚する。

その際にブツから指定薬物が検出され、彼女は我々の捜索を受ける羽目になった。聞くところによると、別れた彼氏は路上で倒れて救急搬送されたが、ずっと後遺症に苦しんでいるらしい。

もうお分かり頂けただろう。「合法という情報が氾濫し、それを真に受けたこと」「街頭店舗やインターネットで販売され、気軽に購入できたこと」「安価であること」「店舗の雰囲気やパッケージのデザイン、また、インターネットの広告等が罪悪感や警戒感を極端に希薄にさせたこと」など、こうした要素が合わさったことが、若者を中心とする一般人に危険ドラッグが拡散した要因である。

ちなみに彼女は実家に戻った現在も通院中で、「腎臓《じんぞう》が悪くなったせいか、何事にも集中できない。記憶障害も残っています。夜になると無性に不安になり、幻聴が現れることも。いまでも時々無性にハーブが欲しくなるんです」と担当捜査官に明かしている。

どこで製造され、どう売られているのか

危険ドラッグの製造・販売はどうなっていたのだろうか。

危険ドラッグは国際的にはＮＰＳ（New Psychoactive Substances：新精神活性物質）と呼ばれ、世界１００以上の国・地域において流通が確認され、その総数は６００を超えている。

多くの国で深刻な社会問題となり、それぞれの国が対策に躍起《やっき》になっているが、そもそも、現在の危険ドラッグの草分けとなった合成カンナビノイドは、１９９０年代前半に米国の研究者 J. W. Huffman 博士が合成した「ＪＷＨシリーズ」と呼ばれるものだ（現在までに４００種類以上が存在する）。70年代には既に多くの合成カンナビノイドが開発され、専門誌などに発表されていたが、Huffman 博士の合成したＪＷＨシリー

ズの一部がハーブに添加され、「スパイス」の商品名で欧米に出回った。効果と使用感が大麻に酷似しているため、「合成大麻」「合法大麻」として青少年の間で急速に拡散していく。

その後、ＪＷＨシリーズ以外の合成カンナビノイド（「ＣＰ」「ＨＵ」「ＡＭ」シリーズ）、さらには、その置換基改良版が次々と合成されて現在に至る。

ここで少しだけ専門的な解説を加えると、人の脳にはオピオイド（モルヒネ等アヘン系麻薬）と特異的に結合して作用を発現するレセプター（受け皿）がある。これを「オピオイド受容体」と呼ぶ。それと同様に、大麻成分のカンナビノイドと結合するレセプター「カンナビノイド受容体」も存在している。これら、脳の受容体に作用する物質の研究は、脳の多様な機能の解明や創薬、つまりは人間の健康にとって重要な意味を持つ。研究者や製薬メーカーは、より有害性の少ないオピオイドやカンナビノイドの開発に努め、医薬への適用を目指しているのだ。

ところが、である。研究論文等の学術情報は容易に漏れるだけでなく、ネット上に過去の文献がアップされていることも珍しくない。言うなれば、食品のレシピや家の設計図と同じで、一定の知識と技術さえあれば、危険ドラッグの「合成」は難しくないのだ。

実際、これらの情報が悪用されてヨーロッパで密造が始まり、その後、中国が主要製造国となっていく。中国には零細の化学工場がひしめいており、化学や薬学に通じた技術者も数多く存在する。レシピさえあれば容易に合成可能であり、アンダーグラウンドで流通する品物ゆえ、正規の医薬品レベルの品質を確保する必要はない。だからこそ、廉価で作れるし、合成過程で生じた副産物や、不純物が混ざっていても不思議はない。たとえ、いくつかの物質が規制されたとしても、構造類似物質に置換すればいいだけのこと。これも造作ないことだ。こうして、数多くの合成カンナビノイドが中国で生産され、我が国や欧米各国に輸出されてきた経緯がある。

一方、同じく危険ドラッグとして出回っている興奮系物質「合成カチノン類」は、植物由来のカチノンという麻薬の構造類似物質である。カチノンはアフリカからアラビア半島にかけて自生するカート（和名はアラビアチャノキ）という植物の葉に含まれるアルカロイドで、覚醒剤様の興奮効果があるところから、国際条約（向精神薬に関する条約）の「スケジュールI（最も危険な薬物）」に指定されるなど、国際的な管理下にある。当然、日本でも麻薬に指定されており、構造類似物質である合成カチノンは約1300種類が指定薬物として規制されている。

危険ドラッグの製造とは

2013年末、日本ではすでに1300物質以上が指定薬物として規制されていたが、中国ではほとんどが未規制の状態だった。「乱用」の実態がないというのが理由だ。その後、関係各国の要請を受けて中国政府は徐々に規制を進めていくが、それでも、14年時点でわずか20種類に満たなかったと記憶している。そのため、多くの物質の合成と輸出は規制されることがなかった。

日本の「製造業者」は当初、欧州諸国の試薬会社に注文を入れていたが、規制の強化に加えて価格も高い。そこで次第に中国、またはその窓口となっている香港の化学会社に仕入先をシフトしていくことになった。中国産は品質が悪く、混入物なども多いが、それを補うほど廉価であり、多様な注文に応じてくれる。

しかも、質が悪かろうが、客は所詮《しょせん》一般人。業者に損はない。当時の日本には、海外の薬物情勢やネット事情に詳しいカリスマ的な人物が数名存在していた。彼らが海外のNPSの実情を研究して、短期間でブツの製造・輸入・卸しのシステムを確立。これが関係者へ伝播《でんぱ》し、日本における危険ドラッグ市場が拡大していったことになる。

製造業者達はネットを介して中国や香港の化学会社に原材料となる化学物質を注文。メールで品名や送り先を指定し、ウエスタンユニオン等で決済する。すると、直ちに漂白剤や染料、顔料といった名目で、ブツが送られてくる。構造式をホームページに掲載している業者まで存在した。価格は粉末1キロあたり日本円で14万〜20万円程度。これでハーブを調合するには、まず1キロの化学物質をアセトンやエタノールなどの溶媒に溶かし、「ダミアナ」や「マシュマロウ」等のハーブ、または安価な茶葉約2キロに混ぜる。それを攪拌して、乾燥させることで溶媒を飛ばす。これにバニラなどの香料を振りかけ、3グラムずつパッケージに詰めて行く。これで出来上がりだ。

卸値は1袋1500〜2000円。ハーブの原価は1キロ1万円程度。アセトン等の一斗缶も1万円位。香料やパッケージ等は安価なもの。だいたい1キロの粉末で1000袋は作れたというから、その利益は容易に想像がつくだろう。

パウダーの場合は、物質0・5グラムをボトルに小分けするのみ。リキッドの場合は5ミリリットルの精製水に0・5グラムを溶かし、香り付けのフレーバーを入れるだけ。これらはハーブよりも数段に利益が出たという。

流通は製造業者から小売店にダイレクトに卸され、店頭やインターネットで販売されるという簡単なものだ。覚醒剤のように密輸・元卸・中卸・小売りという複雑性はなく、暴力団も絡んでいない。1500〜2000円で仕入れたものが、販売店舗では3000〜5000円で売られる。店舗の家賃・光熱費を支払ったとしても、これまたぼろ儲《もう》けの話だ。1〜2名の店員の給料は概ね一日1万円。これを見ても経営者が如何《いか》に暴利を得ていたかお分かり頂けるだろう。我々が検挙した製造業者の中には数千万円の現金を手にした者もいたし、店舗経営者でも毎月数百万円は稼いでいた。逮捕されても指定薬物とは知らなかったと言い張る。覚醒剤等に比べ法定刑も「安い」から、すぐに出てくる。これが実態だった。

取締権限がなかったマトリ

さて、このような未曾有の事態に、我々マトリはどう対処したのか。当時の状況を振り返りながら解説していきたい。

とはいえ、当初、マトリには指定薬物に関する取締権限がなかった。権限が付与されるのは改正薬事法が施行された2013年10月1日のことで、以前は一般の方から相談や通報を受けようと、現場で危険ドラッグを発見しようと、手も足も出ないというのが実情だった。1972年まで覚醒剤捜査の権限がなかったことで、当時の捜査官が現場で悔しい思いを抱いていたことは先に述べたが、まさにそれと同じ心境である。

法改正に先立つ13年4月25日、参院厚生労働委員会での渡辺孝男議員の発言を私は忘れられない。以下に引用しよう。

「麻薬取締官等は麻薬等の取締りに際し指定薬物等を発見することがありますが、そのような場合でも、指定薬物の取締りに関する権限を有していないために自らその捜査又は行政権限の行使をすることができず、取締りの効率性を欠く状態にあります。／また、指定薬物の取締りに当たっては販売業者の背後にいる製造業者まで取り締まることが重要でありますが、指定薬物の流通ルートは必ずしも都道府県の区域内には収まっておらず、広域的な対応が必要です。しかし、都道府県職員である薬事監視員ではそのような対応は難しく、また、国の薬事監視員についてもほかに多くの業務を担っており、十分な対応をする余力がないと承知しております。／こうした問題を解決するために麻薬取締官等に権限を付与し、効率的、広域的な取締りが推進されることを期待するものです。さらに、指定薬物の事案と麻薬等の事案との間には共通性、類似性がありますので、麻薬等の事案についての調査、捜査のノウハウを有している麻薬取締官等に権限を付与すれば、そのノウハウを生かしたより実効的な取締りが行われることも期待されているわけでございます」

私はこれを聞いて胸が躍《おど》った。サッカー選手のようにピッチの脇に立ち〝出番はまだか、まだか〟と臨戦態勢を取っていただけに、この発言を耳にして久しぶりに熱くなったのを思い出す。

これを機に、我々と危険ドラッグとの長い戦いが幕を開けることとなる。

危険ドラッグとの暗闘

法改正からまもなく、危険ドラッグの「早期鎮静化」を目標に、全麻薬取締部が一体となって取締りを進める方針が決まる。

覚醒剤と違い、相手は暴力団をはじめとする犯罪組織ではなく、一般の店舗と製造業者だ。そう聞くと簡単そうに思えるかもしれないが、大きな間違いである。なぜなら、当時の危険ドラッグは大半が未規制の物質だったからだ。すなわち、直ちに捜査案件とするには無理があるということだ。

そこで、行政と捜査の二段構えの態勢で対応することとし、行政権限を行使する「販売店舗への立入検査」が第1ラウンドとなった。まずは立入検査で実態解明を進め、その一方で、捜査の視点から徹底した情報収集とブツの買い取りを行い、そして、捜査の端緒が掴めた場合は、直ちにガサ入れして検挙する方針を立てた。

ここで少し「立入検査」について説明しておこう。立入検査とは、各行政機関の担当公務員が、「行政法規の遵守を確認するため、営業所、事務所、工場、研究施設などに立ち入って帳簿・設備等の検査及び関係者への質問等を行う」行政行為を指す。どのような業界であれ、法令に基づいて業務を進めている。立入検査とは、それが徹底されているかどうかを所管官庁の職員が確認する検査である。無論、検査で不備が見つかれば改善を求めるし、場合によっては行政指導を行う場合もある。

「指定薬物又はその疑いがある物品」を販売している危険ドラッグ店に対しては、先《ま》ずはその実態を解明する必要があり、併せて、悲惨な事件・事故が発生している現状を店側に伝え、販売自粛を求める必要性もあった。そのため、立入検査の実施は必須の課題となったわけだ。この後、全国の危険ドラッグ店舗を全滅させる2015年7月まで、都道府県の薬務所管部門と合同で立入検査を繰り返し実施した。勿論、地域の安全確保を所管する警察も同道していることは言うまでもない。

さて、前述の通り、危険ドラッグの販売店舗は繁華街の雑居ビルの中にあることが多く、店先には「ハーブ」などの看板を掲げている。広さは概ね10～15畳程度。ショーケースや棚には所狭しとカラフルな危険ドラッグ等の商品やパイプ、巻紙、灰皿等が並べられ、Tシャツを販売している店もあった。店員は20～30代で、一見ごく普通の若者ばかりだ。

店舗に立ち入った捜査員が身分と来意を告げると、彼らは悪びれた様子もなく、「分かりました。でも、私は雇われているだけで詳しいことは知りません。法律で規制されている物は一切売っていないと聞いていますよ」などと抗弁する。そこで捜査員が、「ハーブを乱用したことが原因で、交通事故や健康被害が起きていることは、ニュースで知っているでしょう。死亡者も出ているんです。販売自粛に努めてもらいたい」と促すと、店員は壁の貼り紙を指さしながら、「見ての通り、うちのはお香ですよ。香りを楽しむものです。摂取することを目的に販売してません。未成年にも売ってないし、事故は私達とは関係ないでしょ?」。

明らかにマニュアル化された答えを返してくる。確かに貼り紙には「お香です。人体に使用する物ではありません」などと書いてある。ジョークのつもりか、それとも捜査員へのあてつけなのか、「薬物乱用防止」のポスターを貼っている店もあった。さらに、店によっては、「人体に摂取しないことを誓約します」と客に署名を求めることも。

捜査員は検査の最後に「販売自粛要請書」を手渡して説明するのだが、店員は顔色ひとつ変えずに「はいはい、オーナーに渡しておきます」の一言で終わる。

血気盛んな若い捜査員は「なめられてますよ」と熱くなるが、あくまでも行政行為であり、そこはグッと堪《こら》えるしかない。仮に、店員が立入検査を拒否したり、妨害したりするようなことがあれば法的手段を講じることができる。だが、のらりくらりとであっても、検査に応じている分には手出しできない。そこは店舗側も研究しているのだ。

検査の最中に「客」がやってくることもあった。捜査員が危険性を注意すると、「あんたら何者だよ。関係ねえだろ、吸ってねえんだから。お香を買いに来たんだよ！」と噛みつく者までいた。「立入検査」の情報は業者間でもすぐに飛び交う。検査を逃れようと店を臨時休業したり、一時的に夜間営業に切り替えたりする店もあった。立入検査では、捜査のようにダイレクトに店を潰《つぶ》すことはできない。日頃、組織犯罪捜査の第一線で活躍する捜査官からは、「暖簾《のれん》に腕押しですよ。気合いが入らない。何とかなりませんか……」と嘆息《たんそく》が漏れた。だが、これが行政行為、致し方がない。それでも、地道な検査によって徐々に全体像が摑めてきた。

店舗の写真撮影等を行い、全国の店舗分布図、商品一覧等を作成していった。店舗数は大小併《あわ》せて全国で215（14年3月当時）。ここまで拡大していたのかと改めて事態の深刻さを痛感した次第だ。情報収集や客を装った買い取り捜査も積極的に進めたものの、なかなか規制薬物に辿《たど》り着かない。

身分を隠して足繁《あししげ》く店に通う若手捜査官に対し、馴染《なじ》みになった店員が勧めてくる。

「これはアッパー（興奮）系、こっちはナチュラルでダウナー（抑制）系の新生代（同一銘柄の新商品）。そして、これがサイケデリック（幻覚）系だよ。効くよ」

「えっ？　じゃ、お兄さんもやってるんだ。規制品じゃないの？」

「僕はやらないよ。やったら仕事にならない。卸元の受け売りだよ。でも、もしかしたらヤバいやつかも……」

そこでその「ハーブ」を買い取ると、予想通り麻薬成分が検出された。直ちに令状を取得してガサを打ち込む。陳列棚から多様な商品を押収するとともに、天井裏にも「在庫」を発見した。検査の結果、一部から麻薬が検出され経営者ら3名を逮捕したが、いずれも知らぬ存ぜぬ。「合法なブツと思って仕入れた。規制品など売るはずがない」と言い切るのだ。この事件では店舗を廃業に追い込むことができたが、最後まで被疑者の供述は変わらないままだった。

その後、同じような事件をコンスタントに処理していったが、事件化した数自体は少ない。無理もない。まだ危険ドラッグの殆どが未規制品だったからだ。

転機になった大事故

だが、事態は風雲急を告げる。14年1月、

「香川県で事故です！　暴走車両が女の子をはねて死亡させました！」

課長が汗だくになって飛び込んできた。私は言葉に詰まった。最も恐れていたことが起きてしまったからだ。12年5月には、男が運転する車が大阪の商店街を暴走し、女性をひき逃げしている。同年10月にも、愛知県で暴走車両にはねられて女子高生が死亡している。そして、今回の事件だ。いずれも運転者は危険ドラッグの乱用者。今回は我々が取締り権限を得た13年10月以降、初めて直面した悲惨な事件だった。

さらに事件は連続する。その１カ月後の14年2月、福岡市天神の繁華街を車両が暴走し、先行車や周辺車に次々と衝突した挙句、12人を負傷させるという事件が発生した。

私は偶然にもこの事件を目撃している。課長と共に夜間営業の危険ドラッグ店を見回り、九州麻薬取締部に帰庁するところだった（当時の私は九州マトリの責任者）。そんな折も折、繁華街が騒然となったのである。タイヤを軋《きし》ませ、白煙を上げる赤い車両が、爆音を響かせながら前方のトラックを押し退《の》けて交差点に突っ込んだ。車はタクシーや乗用車をも巻き込み、そのままの勢いでガードレールに突っ込んで大破した。車内にいた男は2人で、運転手は奇声を上げている。衝突した車両は実に10台に上る。「合成カンナビノイドと違いますか？　これは酷《ひど》い」と課長が口にする。「おそらくそうだろう……」と応じたものの、2人とも暫く唖然《あぜん》としたままだった。

男は警察官に身柄を取り押さえられた際に「脱法ハーブを使用した」と供述したという。私達は職場に戻って語り明かした。「これまでの薬物犯罪とは質が違う。聞きしに勝る事態だ。他の事件を中断してでも対策を強化しなければ」

改めてそう決意を固めた記憶がある。

その2カ月後の4月、私は東京へ異動となった。異動先は「関東信越厚生局麻薬取締部」。マトリの実質上のヘッドクオーターである。私は「麻薬取締部部長」に就《つ》いた。

それと前後して、国は指定薬物の「単純所持」と「使用」の罪に対する処罰規定を導入し、「指定薬物」指定のスピードも速めた。我々は警察、税関との関係を一層強化した上で、製造業者の検挙と店舗の壊滅を最優先課題に設定。危険ドラッグとの戦いは「第2ラウンド」へと突入したのである。

そんな矢先、指定薬物の密輸情報が連続して寄せられた。極めて貴重な情報だ。受取人はいずれも大手製造業者。これを壊滅させれば影響は大きい。直ちに内偵捜査に入り、関東・東海・沖縄管内で関係場所を突き止めた。令状を取得して順次、工場の摘発を進める。

どのように摘発したのか

今後の捜査に支障が出ない範囲で、当時の工場の摘発状況を紹介しよう。

場所は首都圏郊外。関係者は4人で、いずれも20〜30代の男だ。製造工場はマンションの一室である。捜査員が踏み込むと、4人はリビングで危険ドラッグの製品詰めの最中だった。浴室やベランダには、バスタブ大のプラスチックケースが置かれており、なかには乾燥中の薄緑色のハーブが、その横には大型スコップと小分け用の粉スコップが乱雑に置かれていた。

隣室の段ボール箱のなかには未使用のパッケージやボトルがぎっしり詰められており、その横には既に製品化されたパッケージが山積みされている。裏面には「ご注意：吸煙禁止」とか、「当商品はお香です。吸引行為は絶対にしないでください」といったシールが貼ってある。キッチンの流し台には「製造レシピ」に攪拌機《かくはんき》、そしてバニラ、シナモン、ライム等の香料瓶が転がっていた。足下には粉末の化学物質十数袋、溶媒《ようばい》に使用するアセトンの一斗缶が数缶と、米袋大の紙袋入りハーブ十数袋が置かれていた。

工場としてはかなり大規模だ。被疑者たちは令状を示されても憮然とした表情。捜査員が「これは何だ。ここで何していた？」と質しても、リーダーらしきR（35＝当時）は「鑑賞用のハーブとお香です。どうして捜索に来られたか理解できない。おかしいよ」と応酬するばかり。

「危険ドラッグ乱用者の運転で一般の人が巻き込まれ、死亡者も出ている。どう思うのか」と聞いても、「自家製のお香を小売店に卸しているだけ。あんたらの言っていることは言いがかりだ」と食ってかかる。

結局、4人を指定薬物の密輸容疑で逮捕したが、驚いたことに4人とも前科の類は一切ない。元ＩＴ企業社員や、雑貨店の店員など、ごくごく普通の青年たちだった。

逮捕後、Ｒは態度を軟化させて次の通りに供述している（14年6月時点）。

「専門学校を卒業した後、ＩＴ関連企業に勤めたんですが、５年で退職しました。そんな時に、ハーブ屋をやっていた友人に誘われて店員として働くように。それまで脱法ハーブについての知識は殆どなかったけど、日給で１万円をもらっているうちにこんなボロい商売はないな、と。それで、一昨年（２０１２年）、独立したんです。

ノウハウは全て友人から学んでいます。ハーブ屋は店舗の賃貸契約費以外にほとんど元手がかからないので、開店資金は２００万円程度で済みましたね。ブツは友人や、友人から紹介してもらった業者から仕入れていました。何の宣伝も必要なく、開店した当初から月１００万円位の利益は出ていたと思う。商品を増やして、バイトも雇って規模を拡大すると、利益も倍増。ポイント制を導入してキャンペーンを展開したら、若い客がドッと増えましたね。

客が商品をお香としてじゃなくて、吸煙するために買っていることは最初から承知の上です。そのつもりで売ってますよ。もちろん、違法になるので、こちらからはあえて勧めません。昨年（13年）の夏頃から、危険ドラッグ絡みの事故が頻発して世間の目も厳しくなったし、あなた方の立入検査のせいで販売自粛《じしゅく》を求められるようになったからね。面倒なので小売店は閉めて、製造と卸しに軸足をシフトしていたところ。そっちの方が目立たなくて儲かるからです。私が親しくなった製造業者は危険ドラッグ界のカリスマ的な人物で、海外にも顔が利《き》く。しかも、法律にも通じていて化学的な知識も豊富。危険ドラッグのブレンダーとしては超一流なんです」

Rは親しくなった「カリスマ製造業者」からノウハウを学ぶとともに、中国の化学メーカーを紹介され、独自に化学物質を調達するようになる。素人商売とはいえ、指定薬物の規制状況を厚生労働省のホームページで調べ、それを中国側に情報提供して未規制品を提供させるという念の入れようだ。

製造方法は先述した通りで、1キロの化学物質を14万~20万円で仕入れ、そこから概ね1000袋のハーブを作る。それを1袋1500~2000円で小売店に卸して大儲けするのだ。3人の従業員には月額50万~70万円を渡していた。小売り店には電話やファックスで営業をかけて全国津々浦々に手広く卸していた。ブツの入手先も、3~4カ所の化学メーカーに広げるとともに、インターネットで受取役を応募。中身を伝えずに1~2キロを一回1万円で受け取らせていた。

捜査員が、「今回は、どうして指定薬物を注文したんだ？　知識も豊富だし、規制されていることを知っているだろう」と質したところ、Ｒは、

「中国側が、ブツを揃えられず適当な品物を送ってきた可能性がある。注文したのは未規制のものですよ。信用取引が前提ですが、相手も海千山千で、我々をうまく騙そうと考えたのでしょう」

さらに、捜査員が、「ブツをブレンドして新製品を売っていないか？　その場合、効き目はどう確認していたのか？」と続けると、

「……やってました。アッパー系とダウナー系を混ぜたり、ダウナー系の合成カンナビノイドを２種類混合したり、サイケデリック系とダウナー系を混ぜたこともあります。新しい効果をイメージしてミックスするんですよ。まず興奮作用が訪れて、その後に酩酊するとか、そんな感じ。私を含めて従業員は一切危険ドラッグはやりません。効き目の確認は〝テスター〟に任せてます。テスターに試して貰って、それを参考に微調整する。発売してからも小売業者から意見を聞いています。どこの店にも常連さんがいて、結構面白い意見が上がってくるんですよね」

この話を聞いて我々は唖然とした。Ｒは危険ドラッグどころか、酒・煙草もやらず、

従業員も酒をたしなむ程度。採用したアルバイトが危険ドラッグの乱用者だと分かってクビにしたこともあるらしい。危険ドラッグをやる者は信用できないというのが理由だ。そして、「テスター」という言葉も初耳だった。捜査員がどういう意味か聞き返すと、「要はモルモットですよ」。

Rの所でモルモットになっていたのは、ハーブ店時代に常連客だった1組の男女らしい。「テスターの健康は保証するのか」と尋ねてみれば、「まぁ、そこはね。小遣《こづか》いも渡してますし、ドラッグも提供するわけですから。それに奴らが自分から進んでやっているので特に問題ないと思う」と嘯《うそぶ》いたという。

危険ドラッグは「金のなる木」

確かに、覚醒剤の取引にも「味見役」と呼ばれる者が介在することはある。だが、それはあくまでも覚醒剤のケースだ。覚醒剤は違法ではあるが、使用量も薬理作用も分かっている。

覚醒剤にはL体とD体という光学異性体が存在し（出回っている覚醒剤の大半はD体）、L体ならば、効き目は画然《かくぜん》と悪い（D体の10分の1程度）。その中間はDL体（またはラセミ体）と呼ばれる。その他、アンナカ（安息香酸ナトリウムカフェイン）等の混ぜ物を混入させすぎると覚醒剤の効果は低下する。また、増量剤としてエフェドリンやジメチルアンフェタミンといった原料を用いると、まず「ドカーン」と喉に激しい刺激がくるらしい。覚醒剤の「味見役」は身体でこれを知っており、暴力団が価格交渉をする際に同行したりする。

だが、危険ドラッグのテスターはこれとは異なる。もはや「人体実験」だ。未知の物質を自ら体内に摂取して、その効果を評価するのだ。依頼する側が殺人の「未必《みひつ》の故意」や、「認識ある過失」に当たるのではないかと思ったほどだ。一方、テスターの側にも問題がある。仕事かアルバイトか知らないが、自殺行為だ。実際に、別の事件ではテスターが行方不明になったと聞いている。どこかで死亡していてもおかしくない。

逮捕当時、Rは2000万円を超える現金を所持していた。わずか1年足らずで儲けたという。

「結局、金のためにやっていたんです。でも、逮捕されては割に合わない。今後は、別の仕事を探しますよ」

Rは捜査官にそう語ったらしいが、裏を返せば、この時期の危険ドラッグは、まさに

「金のなる木」だったことになる。

危険ドラッグを扱う業者が当時、どの程度の売上げを誇《ほこ》っていたのか。一店舗が最低で月額300万円の売上げがあったとすれば、全国の215店で約6億円。これに製造業者の売上げを加算すると1カ月で10億円は下らない。最低ラインの数字だが、それでも恐るべき市場規模である。

我々マトリは、Rをはじめ国内の大手製造業者を次々に摘発していった。だが、それでも事態は終息を見なかった。

14年6月には、名古屋のマンションで乱用者の女性が死亡。池袋では危険ドラッグを使用した男の運転する暴走車両が駅前の歩道に突っ込み、7人を死傷させている。前述の「涎男」によるこの事件を機に、日本全体で危険ドラッグ撲滅《ぼくめつ》への機運が一挙に高まった。翌7月、政府は「危険ドラッグの乱用の根絶のための緊急対策」を策定。全省庁・自治体挙げての取り組み強化に本腰を入れる。

厚生労働省でも、初の「緊急指定（指定薬物の審議会手続きを省略し、〝池袋事件〟で用いられた2つの物質を指定薬物にした）」を行い、パブリックコメントの省略などによって、指定までの期間をさらに短縮する特例措置を開始。我々マトリも態勢を強化した。それにもかかわらず、なぜか危険ドラッグを巡る状況に変化が見られない。「どうなっているんだ。次から次に新しいブツが作られ、どれだけ輸入されているのか……」と正直、困惑したのも事実である。

当時のマトリが押収し、買い取った物質の鑑定結果を取りまとめると、規制物質はわずか「3・4％」。残りはすべて未規制物質だった。国がどれだけ指定を迅速化しようと、数週間も経たないうちに新種が湧いて出てくるという前例のない事態に陥っていた。

威信をかけた戦い

この重大局面を前にして、マトリは組織の威信をかけて戦うことを改めて決意する。300人の職員のうち、実に250人近くを充当する「麻薬取締部危険ドラッグ取締対策本部」を設置。これはある意味で博打《ばくち》とも言えた。これだけの人員を割《さ》いて失敗すれば、もはや我々に打つ手はない。

だが、ここでやらなければ、一体何のための権限付与だ。その思いが募った。

私は、進行中の大型覚醒剤密輸事件と乱用者の家族からの相談事件以外は一旦中断して、危険ドラッグの取締りに全精力を注ぐことを決め、全幹部に周知した。誰も異論は挟まない。皆が同じ方向を向いていた。これがマトリの結束力である。

その上で、上級官庁の厚生労働省とも徹底的に協議をした。そこには頭脳集団がいる。あらゆる法令や情勢を分析し、我々「現場」とは全く異なる国家的な見地から、忌憚《きたん》のない意見が続々と飛び出してきた。そう、我々と同じく、彼らも必死なのだ。協議を繰り返した結果、「店舗の全滅が最優先。指定薬物であれ、未規制品であれ、店舗が存在するから拡散してしまう。店舗の壊滅のためになすべきことを全てやる」との結論に至った。そこで、「店舗の壊滅、それもできる限り短期間で」という目標を掲げて、勝負の第3ラウンドが始まることとなる。

14年7月31日、田村憲久《のりひさ》厚生労働大臣（当時）が激励にやって来られた。麻薬取締官は厚生労働大臣の指揮監督を受ける。すなわち、大臣は我々にとって「ボス」である。その大臣から、「実店舗の全滅」を訓示され、私は「必ず！」と応えた記憶がある。

与野党の議員方も麻薬取締部の事務所に足を運ばれている。なかにはエナジードリンクを差し入れるため、夜間に1人でいらした議員もいる。どの方々も我々を激励して帰られる。「やるしかない」と、単純明快な現場捜査員の士気は、日増しに高まっていった。上層部との話し合いで、我々はかつて発動されたことのない、薬事法上の「検査命

令・販売等停止命令」の実施を検討することとなった。専門的な話になるが、この「命令」についてかいつまんで解説すると、

1、指定薬物または指定薬物である疑いのある物品を発見した場合、厚生労働大臣又は都道府県知事は、その物品を製造、販売等している者に対して、指定の公的機関の検査を受けるよう命じることができる。

2、命令を受けた者は検査を受ける義務が生じる。

3、命令者は、検査結果が通知されるまでの間、これと同一の物品の製造販売を禁ずる旨《むね》併せて命令することができる。

――つまり、店舗等の業者に対して製品の成分検査を命令し、検査結果が出るまで販売させないという行政命令だ。従わなければ当然、刑事処分を受けることとなる。

まもなく、危険ドラッグ販売店に対しても「命令」の実施が可能との見解が下された。さらに、当該命令の執行は我々の「所管外」であったが、麻薬取締官が実施することが最も効果的と判断され、これが可能となる仕組みが構築された。

とはいえ、懸念は尽きなかった。

1、業者が抵抗した場合は検挙することとなるが、一斉検挙が可能か否か。

2、店舗を臨時休業させ、路上販売やデリバリーに移行する者が出てくる。その際は、執行が極めて困難となる。
3、一斉検査命令の場合、検査する製品数が膨大となり、国の検査部門（研究部門）のキャパシティを超えないか。
4、嫌がらせの訴訟が勃発する可能性も否定できない。訴訟に追われて取締りが膠着しないか。
障害となりそうな点は他にも想定された。だが、やらないことには前には進めない。何よりも、これ以上、一般人を巻き込むわけにはいかない。この頃の我々は、「誰がやるんだ。俺たちがやる！」というキャッチフレーズを掲げて、自ら意識を高揚させていた。

本格的な捜査に入る前に、まずは店舗数の再確認だ。

これまでの取締りで数多《あまた》の店舗を廃業に追い込んだが、それでも、14年7月時点における実店舗は依然として144に上っていた。東京が最も多く、59店舗を数える。

これらの店舗に全国のマトリ捜査員が張り付き、ほぼ24時間体制で監視に当たった。客の出入り状況や、店員の動向を完全に把握。客を装って入店し、営業時間や商品の種類や点数を確認するなど、各店舗の内情を丸裸にすべく、微に入り細を穿《うが》つ調査を敢行した。

そして、8月——。店舗の詳細を把握した我々は、いよいよ「検査命令」の波状攻撃をかけることとなった。捜査デスクとして現場指揮を任せている課長から、

「計画通り、全国一斉で〝命令〟を執行します。おそらく臨時休業する店や、他店の状況を見て商品を隠す店も出てくると思います。しかし、深夜であっても徹底的に張り付き、粘《ねば》り強く検査命令を執行します。立入検査も同時に行いますが、抵抗や妨害に対応するため別途、検挙班を配置しています。状況は逐一連絡、ご報告しますので、暫《しばら》くお待ちください」

という力強い開始宣言があった。全国各部に現場指揮官を配置し、その結果が、東京の統括課長を経て私のところに上がってくる仕組みだ。東京では10班を超える執行班を設置し、店舗への立ち入りには警察官も同行している。

ついに、捜査員が店舗へと踏み込む。各班長が経営者や店員に検査命令等の趣旨を説明し、商品を提出するよう促す。

多くの場合、ほとんど抵抗する様子もなく、「出さないとパクられるんでしょう。最

近は商品も減ってますけどね」などと愚痴りながらも棚から商品を出してきた。「カーテンの奥にはないのか。面倒なことをせずに従ってくれよ」と念を押すと、不満そうに舌打ちするものの、店の奥からごそごそと商品を出してくる。その様子は全てビデオカメラで撮影している。手続きの正当性を確保するためだ。

概ね商品が出揃ったところで関係書類に署名を求め、「店に残っている同一パッケージの商品は検査結果が出るまで販売できない。検査には時間がかかる。売った場合は1年以下の懲役、または100万円以下の罰金に処せられる。引き続き我々や警察が立入検査にくる。もう危険ドラッグの販売は無理だ。この際、廃業したらどうだ。廃業届を置いていく。関係者と相談してほしい」と伝える。経営者の中には「あんたらしつこいな……。商売にならないよ。廃業するしかない」と口にする者も現れ始めた。

他の店に検査命令が入ったことを察知すると、臨時休業する店や深夜営業に変更する店が現れた。しかし、これは想定内だ。捜査員は深夜であっても、店が休みでも怯《ひる》まない。徹底的に監視して、チャンスを捉えて執行を続けた。店員のなかには、「客足も途絶えてきたし、もう時代遅れですよね。捕まりたくないんでバイト先を替えますよ」と、その場で経営者に電話する者もいた。

その一方で、「令状持って来いよ！　立入検査か検査命令か知らねえけど、営業妨害だよ。いい加減にしろ。訴えるぞ！」と大声で捲《まく》し立てる経営者もいた。「妨害するのか？」と質すと、「文句があるなら令状持って出直してこい！」と身体を押しつけ抵抗を繰り返す。これを聞いた現場班長は頷き、悠然《ゆうぜん》と携帯電話を取り出すと「立入検査妨害中。至急、検挙班の出動を要請する」と本部に連絡した。すると、男の態度が一変。「いやいや、突然のことで驚いただけですよ！　応じますって。分かりましたよ……」と、素直になる場面もあった。

こうして、一斉検査命令・販売等停止命令を実施したところ、販売店舗は続々と廃業に追い込まれ、9月には早くも90店舗以下まで数を減らした。私のオフィスには、店が潰れる度に捜査デスクの課長が飛び込んでくる。「池袋のA店が廃業、大阪のB店も廃業です！　検査製品として、計100袋以上を確保しました」

そして、オフィスの壁に貼られた、危険ドラッグ店の全国分布地図が徐々に黒く塗り潰されていく。無論、ここで手を緩《ゆる》めるわけにはいかない。検査命令は継続し、10月には約60店舗に、11月には約30店舗まで激減させた。

他方、東京・品川区の店が客に対して「これは本来売れないんですが……」と前置きしながら、販売等停止命令商品を売っていたことを捜査員が突き止め、経営者と従業員を逮捕している。

この時期になると、店は商品を棚に並べずカタログのみ置くようになった。検査命令対策だろうが、客が来ると、隠している商品を奥から持ち出してくる。とはいえ、その手口を見過ごす捜査員ではない。すかさず店舗に立ち入り、「もう小細工はやめろ」と警告する。店側は憮然としながらも、「しつこいなぁ。わかった、わかった」と応じる。

製造業者も商品を捌《さば》けずに大きな痛手を負ったようで、次第に廃業していく。店で出くわした客達も、以前は「何だよ。お香を買いに来たんだよ。あんたらには、関係ねえだろう」と啖呵を切っていたが、マトリや警察の強面捜査員が店を取り囲んでいる様子を目の当たりにすると、一目散に逃げていくようになった。

天王山の戦い

「廃業、廃業です！　ゴールはもうすぐです！」

そう胸を張って報告にくる課長の顔がいまも忘れられない。

12月を迎え、残すは18店舗である。前月25日に大改正され、さらに12月17日に改正された「改正医薬品医療機器法（旧薬事法）」が施行され、次の規定が盛り込まれた。

①検査命令・販売等停止命令の対象物の拡大（指定薬物の疑いのある物に加え、指定薬物と同等以上の精神毒性を有する蓋然性が高い物である疑いがある物品を追加）

②広告中止命令の創設（①の対象物について広告中止も行えることとした）

③販売等停止命令の全国化（業者ごとに出していた販売等停止命令の効力を全国一律に広域化）

④プロバイダーへの削除要請・賠償責任の制限（危険ドラッグ販売サイトの削除要請につき、プロバイダー側は賠償責任を負うことなく削除可能）

いわば伝家の宝刀に磨《みが》きが掛けられたようなものであり、我々はこの新しい「武器」をふんだんに活用して検査命令を掛け続けた。しぶとく営業を続けていた業者もさすがに、「もう手も足も出ない」と廃業届を持参するようになった。さらに、警察と合同で「年末攻勢」をかけ、翌15年1月には、稼働《かどう》している実店舗は、新宿の2店舗を残すのみとなった。

同時に物質規制も加速され、この時点で約1500物質に及んでいる。その結果、押収や買い取りで入手した危険ドラッグの50％以上から規制物質が検出されるようになり、イタチごっこも解消されつつあった。つまり、我々の土俵に相手を引きずり出すことができたということだ。

そうこうするうちに、中国の製造業者も次第に日本を危険ドラッグの市場として意識しなくなる。規制が厳しく、マーケットが縮小し続ける日本の業者のために「新種」を作っても意味がないということで、彼らは商売相手を欧米に転換したのである。これにより、新種に接する機会が目に見えて減っていった。未規制物質が手に入らなくなった店舗は、単なるカフェインやクエン酸（食品添加物等として利用されている）をハーブに混ぜたダミー製品を「合法ハーブ」として売る店も現れる。確かに合法だし、当然ながら健康被害もないのだが、これでは単なる詐欺である。

「どうしてこんな物を売ってるんだ。詐欺じゃないか」と注意すると、「客から問い合わせがきても、未規制品が手に入らないんですよ。規制品を売るとパクられるんで、考えた末に本当の合法製品を売ることにしたんです。家賃も必要なんでね」と逼迫《ひっぱく》した台所事情を訴えてくる。往生際《おうじょうぎわ》の悪い奴らだとは思いつつ、同時に「追い詰めたな。そろそろ終焉《しゅうえん》も近い」と実感したものだ。

壊滅への追い込み

最後の追い込みとなった15年1月――。稼働している店は新宿の2店舗のみ。だが、これらは半ば地下に潜っており、しかも、背後に暴力団の姿が見え隠れしてなかなか手強い。また、大手の製造業者のなかにも動きが見られる。

これを潰さなければ流通阻止は不可能だとの判断から、今度は捜査主体で攻勢をかけることにした。早速、店舗と製造業者に対応する専従捜査チームを編成。捜査員は年始の休みも取らないまま最終ラウンドに突入した。

まもなく、製造業者を相手にした捜査班で動きがあった。中国から川崎市内の無人アパートに送られてきた大量の指定薬物を追跡したところ、埼玉県川口市内に存在する製造工場に辿り着いた。「工場」といっても、JR川口駅から400メートルほどの繁華街に位置するマンションの一室だ。監視捜査で実態を把握した後、警察と合同でガサを打ち込む。そこでは12キロを超える麻薬粉末の他、製造機械やハーブ、パッケージ等約4000点に及ぶ証拠品を発見。19歳の少年を含む男3人を、さらに、その後の捜査で首魁《しゅかい》を含む計6人を逮捕した。

この工場は「AH社（仮称）」と呼ばれる当時国内最大級の危険ドラッグメーカーで、東京の大田区、新宿区、豊島区、そして川口市と、半年ごとに工場を転々と移動させながら危険ドラッグの製造を続けていた。この「AH社」を摘発後、ブツの流れが一気に停滞するようになった。インターネットの危険ドラッグサイトで商品を買い取ってみても、先に記したようにカフェインやクエン酸を混ぜたものが増え、リキッドに至っては「単なる水道水」という完全な詐欺物件も見られるようになった。

残すは新宿歌舞伎町の2店舗のみ。捜査員の士気はピークに達する。この2店舗は隣接する「shop」と「shop 2」という同系列の店で（ともに仮称）、営業はいずれも夜間のみ。店には店員がいるだけで、商品は一切置いていない。ブツがなければ検査命令は執行できない。店の外で様子を窺っていると、ヘビーユーザーと思《おぼ》しき客が店へと吸い込まれていく。そして、店内で店員とぼそぼそと会話をしたかと思うと、店外から第三の男が現れて客と接触。直ちに別れる。この様子だけ見れば、もはや「密売」と変わらない。その場で取り押さえることは可能だが、ブツの保管場所と背後関係を割り出さなければ、店舗自体の壊滅は困難だ。しかも、地元の暴力団が絡んでいるとの情報もある。捜査班は、近隣のビルや路上から定点監視を続けた。これは覚醒剤捜査と同様で、根気の要《い》るやり方だ。

同時に関係者の割り出しも進め、概ね関係者を突き止めた頃には5月になっていた。全てをお話しできないが、一気に捜査を前進させるため、ここで「おとり捜査官」を店に投入することとした。

「ブツを買わせたら規制品が出ることは間違いないと思います。その状況を捕捉して保管場所を割り出す。この方針で進めたいのですが」と課長から相談があり、私は「異論はない。いい話だ」と応じた。買い取るブツは麻薬の可能性があるため、直ちに正当な手続きを踏んで、おとり捜査官を投入した。

店にはやはり商品が置かれていない。その代わり、捜査員は商品名が記された紙を店員から見せられ、「これはアッパー（興奮）系ですね。エロ系とも言いますが、絶対に効きますよ」などと説明を受ける。

「商品は置いてないの？」と聞く捜査員。

「まあ、色々あって。でも、すぐに準備しますよ」

「分かった。じゃあ、それで」

捜査員が1袋を注文して代金を支払う。すると、しばらくして別の男が店に姿を現し、

「はい」とブツを手渡してきた。捜査員はそれを受け取って踵《きびす》を返した。

鑑定の結果、ブツは予想通り規制物質だった。これでいつでもガサを打ち込める。逮捕も可能だ。あとは保管場所の発見のみ。歌舞伎町は雑居ビルが林立し、路地も入り組んでいる。それでも若い男女の捜査員が雑踏に紛れて内偵を続け、ついに発見した。壊れた自動販売機のなかにブツが「保管」されていたのだ。例の男がブツを取り出す様子を監視班が録画する。完璧な証拠保全だ。

そして、7月8日夕刻、我々麻薬取締官と、合同捜査中の警察官約30名が2店舗に踏み込んだ。2店舗といっても近隣の姉妹店。物の保管場所は同じだ。

マトリの班長が「今日は、立入検査ではない。捜索だ。令状を持ってきた。分かってるだろう。自分からブツを出しなさい」と店長の男に告げるも、「分かりませんよ。何のこと?」と暫く押し問答が続いた。

店内からは一切ブツが出てこなかったが、これは想定内だ。その後、店長らを同行して店を出た捜査員は、「これから、ここを捜索する」と告げた。無論、壊れた自販機である。ふと、男の顔がこわばった。令状を提示し、捜査員が自販機を開ける。すると、なかから大量のブツが出てきた。カラフルなパッケージの危険ドラッグだ。「これは何だ！」と捜査員が声を荒らげたが、男は呆然としたまま。この「保管場所」がバレていたとは思わなかったのだろう。その様子を目の当たりにして、他の店員もうなだれている。

結局、責任者ら3人を逮捕。その後の捜査で、黒幕である現役暴力団員ら計10人を逮捕するに至った。取調べで店長は、「法律に触れる薬物かも知れないと思っていた」と概ね事実関係を認める供述をしている。

危険ドラッグ販売店が全滅した日

「やっと終わりましたね。長かった！」と課長が晴れやかな笑顔を向けてきた。疲れてはいるが、とてもいい顔で、私も思わず微笑み返した。

まもなく、NHKが朝のニュースで現場映像と共に「店舗全滅」と大々的に報道。続けて、塩崎恭久《やすひさ》厚生労働大臣（当時）が会見で次のように述べた様子も放映された。

「危険ドラッグを販売する実地店舗、これをもって我が国から全滅したことになります」

麻薬取締官に危険ドラッグに関する取締権限が付与されたのは2013年10月のこと。

それから約1年半、我々は危険ドラッグという未知の「殺人兵器」との攻防を繰り広げてきた。一つの薬物とここまで意識的に戦ったのは初めての経験である。混乱の連続だったが、麻薬取締官は最後まで士気を下げることなく戦い抜いた。わずかな期間で見事な結果を出し、国民の期待に応えたと考えている。わずか300名の小さな組織が取締りの最前線に立ち、ここまでの成果を挙げたことに私自身、驚いた。そこに私は「麻薬取締官としての矜持《きょうじ》」を感じている。

他方、事件・事故に巻き込まれて死傷された方々のことを思うと、諸手《もろて》を挙げて喜ぶわけにもいかない。今回の「惨事」を細かに検証し、もう一度、薬物対策を見つめ直す必要がある。だが、麻薬取締官と危険ドラッグの戦いはこれで終わりではない。実店舗こそ壊滅させたが、ネットでは組織的、かつ計画的に密売されている。それも極めて巧妙な方法で、だ。

長く過酷《かこく》な戦いが続くことになるが、麻薬取締官には全てを注いでもらいたい。「彼らならできる」と信じている。

第8章　「マトリ」の栄誉

「人事院総裁賞」という顕彰

危険ドラッグとの死闘の終結から5カ月が経った2015年12月10日――。私は、皇居宮殿の広間、「連翠《れんすい》」にいた。天皇皇后両陛下（現・上皇上皇后陛下）の御接見を賜《たまわ》るためである。その日、明治記念館で執《と》り行われた第28回（平成27年度）「人事院総裁賞」授与式で、我々「麻薬取締部危険ドラッグ取締対策本部」は顕彰された。そして、指揮官の私が組織を代表して人事院総裁（認証官）から表彰状を授与され、他の省庁の顕彰者4名とともに皇居へと引率されたのである。

人事院総裁賞は「国民全体の奉仕者としての強い自覚の下に職務に精励し、国民の公務に対する信頼を高めることに寄与した職員又は職域グループの功績を讃えるもの」とされる、いわば日本の公務員にとって最も栄誉ある賞だ。各界の有識者からなる選考委員会において受賞者が決められ、実施基準には「多年にわたり」「同一の職種に従事し」

「不断の努力により」「生活の著しく不便な地に勤務」「精神的、肉体的労苦の多い勤務」「国民生活の向上、生命、財産の保護」「業務の改善・改革等」といった言葉が並ぶ。

作家で選考委員の西木正明氏は、14年の人事院関係情報誌に次のように寄稿されていた。

〈わたしたち小説家の仕事は、基本的に登場人物の人生を描くことだ。その点に関しては、人事院総裁賞も同じなのではないか、と。／さらにいえば、たとえば人里離れた辺境で黙々と自分が担うべき任務を果たし、その結果本人は意識しないままに大きな社会貢献をなし遂げる人がたくさんいるはずだ。よほど特別な例外を別にして、彼ないし彼女の人生が教科書に載るようなこともないだろう。（中略）実際にその作業に携わってみて感激した。こんなにもたくさんの人々が、黙々と務めを果たし、結果として大きな社会貢献を残しつつあるのか。ある人は目の前の仕事をただ任務とは考えず、自らの人生そのものと受け止めて研鑽し、傍目には人間業とは思えない高みにまで引き上げて行く。／またある人々は一般市民の安寧や安全、時には国の行く末に関わるような事案や事件に立ち向かい、あたりまえのように解決して笑っている。／今年もまた、そんな歴史の礎となるような人や組織と出会い、感謝の気持ちをこめて選ばせていただいた〉

麻薬取締部の顕彰理由は、「〝プロフェッショナル〟の使命感――国民生活の安心・安全のために」とのタイトルに続けて、「大きな社会問題となった危険ドラッグについて、訴訟リスクや反社会的勢力の抵抗などの障害を乗り越え、検査命令の発動や徹底した取締りにより短期間に販売店舗を全滅し、国民の保健衛生確保に貢献」したという大変ありがたいものだった。手前味噌《てまえみそ》ながら「まさにその通り」と実感したことを思い出す。

実は、麻薬取締部は、2000年に人事院総裁賞を初受賞している。前に少し触れたが、東海マトリに設置された「イラン人薬物密売事件特別捜査本部」が、当時大きな社会問題となった名古屋セントラルパークでのイラン人組織による無差別薬物密売を鎮静化させたことが讃《たた》えられ、ときの本部長が天皇皇后両陛下の御接見を賜っている。マトリにとって「おそらく最初で最後の栄誉であろう」と我々捜査員は胸を張ったものだが、この予想は外れることとなった。

第1章で紹介した「ロードローラー事件」を解決に導いたことで、九州マトリに置かれた「国際薬物シンジケートによる覚醒剤密輸入事件捜査本部」が、組織にとって2度目となる人事院総裁賞の栄誉を賜ったのだ。13年12月のことだった。「(オーストラリア連邦警察等の)海外捜査機関との連携を行いながら24時間体制で捜査に当たり、108

kgもの大量の覚醒剤を押収し、密輸実行犯全員を逮捕した」というのが顕彰理由だ。とりわけ、麻薬取締部の捜査結果がすぐさま諸外国の捜査機関に伝達され、密輸グループの海外の関係先に対する一斉捜索やメンバーの逮捕が相次ぐなど、過去に類を見ないほど高いレベルの「国際捜査」が行われたことが評価のポイントとなっている。私は捜査本部の責任者として授与式に列席し、生まれて初めて両陛下の御接見を賜った。

が、それから2年後の15年12月、みたび奇跡が起きる。「危険ドラッグ販売店舗の壊滅」により、またもや顕彰されることとなったわけだ。この二回目の両陛下の御接見が私の取締官としての意識を大きく変化させることとなる。いや、変化させたというよりも、我々のあるべき姿に改めて気づかされたといった方が正しいかもしれない。

場面を授与式当日の御接見に戻そう。

皇居宮殿・豊明殿の西側に位置する広間、連翠。5名の受賞者が、概ね2メートル間隔で整列していた。

「個人部門」は1名、海上保安庁の優秀な分析官だ。「職域部門」は財務省、水産庁、国土交通省の各機関の代表者。いずれも厳しい現場業務の指揮を執られた方々だ。私以外は配偶者を同行されていた。精神的・肉体的な苦楽を分かち合い、ご主人の公務員人生を支えてきた奥様を、ご主人とともに讃えるという粋な計《はか》らいだ。「連翠」の広間を支配する厳《おごそ》かな雰囲気のなかで、私はふと「一度ならず、二度までも栄誉に浴すとは……。この御接見を機に私の新しい人生が始まるかもしれない」と予感したことを覚えている。

まもなく、廊下から天皇陛下のお声が漏《も》れ聞こえてきた。皇后陛下にお声掛けされているようだった。テレビで何度も耳にしたことのあるお声である。いま思い返しても不思議なのだが、その瞬間になぜか身体が軽くなり、穏やかな気分に包まれたのである。

宮内庁の係官から、両陛下が入室される旨案内されると同時に、両陛下が「連翠」にお姿をお見せになった。静けさが一層深まり、部屋が神々《こうごう》しさに包まれて行く。お姿を拝見するや、目頭《めがしら》が熱くなり、感激と「懐かしさ」が繰り返しこみ上げてくる。2年前もそうであったが、これはとても不思議な現象だ。

両陛下が我々の正面にお立ちになると、人事院事務総長（人事院事務総局の最高責任者、他省の事務次官に相当。ちなみに人事院総裁は「人事院大臣」と理解して頂ければいい）が、凜《りん》とした態度で授賞の報告を始めた。報告が終わると両陛下は頷《うなず》かれ、その後、ゆっくりと我々の方に歩み寄られた。同時に茶菓子が受賞者とその配偶者に配られる。

両陛下は左右に分かれて、受賞者へのお声掛けを始められた。両陛下から直接お言葉を頂けたことで、受賞者の目から涙が溢《あふ》れ、やがて嗚咽《おえつ》が漏れ始める。「大変でしたね。ありがとう」と、陛下が受賞者に声をお掛けになる。様々なことをお尋ねになり、「そうでしたか。そうでしたか」と一つ一つに頷かれる。その様子は、本当に「慈悲深い」という他に適切な表現が思い浮かばない。

受賞者は誰もが涙して、話す言葉は途切れ途切れで掠《かす》れている。号泣されている方もいた。前回も感じたが、煩悩《ぼんのう》が全て消え去り、自身が洗浄されていくような感覚に包まれた。幼少期に神武天皇陵で遊んだ記憶が蘇り、自分が日本の歴史に繋がっているように感じ、それが日本人としての矜持《きょうじ》となっていく。

天皇陛下からの労い

陛下が、私にお声掛けくださった。それこそ、吐息《といき》が感じられるような距離である。じっと目を見て話される。感激で意識が遠のき、吸い込まれていく。陛下は麻薬や薬物捜査について様々なことをお尋ねになり、その都度、私は込み上げる感情をどうにか抑え、しどろもどろになりながらもお答えした。陛下から「国民を危険ドラッグから守ってくれてありがとう。案じておりました。よくやってくれました。ありがとう」「危険で厳しい仕事だったでしょう。どうか麻薬取締官たちを労《ねぎら》って欲しい」

そのお言葉を頂いたときに、感激が頂点に達し、その場に崩れ落ちそうになった。陛下の口から発せられた「麻薬取締官」というお言葉——。これで全てが報《むく》われた。

そして、私はこの時はじめて、我々が守るべき「国民」という言葉のもつ、本当の意味が理解できたような気がした。皇后陛下からも「大変だったでしょう。ありがとうございました」という温かいお言葉を頂戴し、我々麻薬取締官の存在意義が心のなかで改めて明確になった。西成のドヤ街をハウンドドッグのように裸足で走り回っていた私が、いま、こうして両陛下の御接見を賜っている。自分の職業の選択に間違いはなかった。素晴らしい先輩や同僚、後輩たちに恵まれ、取締官人生を駆け抜けることができた。そして、おぼろげながら、今後の自分の使い方も見えてきた。

かつて人事院総裁賞の対象となった「ロードローラー事件」では、私は捜査官としてやりたい仕事をひたすらに追い求めていた。それは、アーティストが自らの感性と経験を総動員して作品を仕上げるのに似ているかもしれない。結果的に評価を得たわけだが、

「危険ドラッグ」のケースは少々、印象が異なる。危険ドラッグと対峙した当初、我々には取締権限がなく、明らかに出遅れていた。さらに、事件の解決に挑むというよりも、目の前で起きる惨事を喰《く》い止めるために全力を注いだというのが正直なところだ。凶悪な薬物犯罪組織と対峙するのとは違って、捜査のダイナミズムには欠ける。我々の動きの大半は「行政活動」で、百戦錬磨《ひゃくせんれんま》の捜査官たちが事態を理解し、燃え上がるには若干の時間を要した。

ところが、結果を見れば、見事に国民に求められた仕事を果たしたことになる。警察をはじめとする他の捜査機関とも一体になり、それぞれが役目を果たしたことで大いなる成果を手にすることができた。

ここで気づいたことがある。我々の仕事は「国民」のためにあるのだ、と。より具体的に言えば、常に「国民の健康被害防止」に焦点を当て続けねばならないのだ、と。

最近はその傾向が薄まったとはいえ、マトリの捜査は個々の捜査官が有する資質や人脈、経験によるところが大きい。有能な捜査官はあたかも猟犬のように鼻を利かせ、駆けずり回り、事件を掘り起こして、犯人に喰らいついてきた。昼夜を問わず密売組織の検挙しか考えず、薬物の押収に死力を注ぐ。そうした燃えたぎるような捜査に対する熱意や執念はいつの時代にも不可欠であろう。

だが一方で、私はこう考えるに至ったのである。

健康被害防止の観点から国内外に目を凝《こ》らし、薬物情勢を幅広い角度から分析して、「新種」の芽を見つければできるだけ早く摘《つ》み取る。危険ドラッグが蔓延するような事態になれば、先頭に立って鎮圧に当たる。日々、目の前の「覚醒剤事件」に対応しつつも、いざ有事となれば、持てる限りの力と知恵を動員して一番槍を打ち込む――。

これが厚生労働省に存在する我々の使命ではないか。さらに、300名のマトリを活用する方法ではないかと、この御接見を通して発見（再確認）したのである。

マトリの歴史に刻む

両陛下の御接見を終えた私は、厚生労働省に立ち寄り、大臣、副大臣をはじめとする上層部に受賞の報告を済ませた。そして、麻薬取締部に帰庁すると、危険ドラッグの捜査でともに汗をかいた幹部職員が清々《すがすが》しい笑顔で私を出迎え、「お疲れさまです！　どうでしたか」と声をかけてくる。若手職員達も続々と集まってきた。日頃、友人のように接してくる年端《としは》も行かない若い女子職員数名が「部長、今日は格好いい！」などと和《なご》やかに囃《はや》し立てる。

私は嬉しかった。彼ら彼女らと世代は違えど時間を共有し、マトリの歴史に新たな1ページを刻むことができたことを誇りに、そして光栄に思った。

私は彼らにこう伝えた。

「両陛下がマトリを高く評価されていた。〝国民を危険ドラッグから守ってくれてありがとう。案じておりました。みなさんを労って欲しい〟とのありがたいお言葉を頂いた。みんな、本当によくやってくれた。だが、我々と危険ドラッグとの戦いは終わりではない。初戦はこれで終了したが、これから第二戦に入る！」

職員達は爛々《らんらん》と目を光らせながら私の話に聞き入っていた。涙ぐんでいる幹部もいた。このとき、改めて「愛すべき連中だ。国の宝だ」と胸に熱いものが込み上げたのを思い出す。すっかり私の回顧録になってしまい恐縮している。だが、私には両陛下が我々の進むべき道を示唆《しさ》してくださったような、そんな気がしてならないのだ。

あとがきにかえて

本書では日本の薬物犯罪史と、知られざる麻薬取締官の活動実態について綴ってきた。読者の皆さんに、薬物問題への理解と関心を少しでも深めて頂けたのであれば幸いだ。それでは最後に、今後の麻薬取締官がどうあるべきか、私なりに未来のマトリへの提言をさせて頂きつつ稿を終えることとしたい。

私は常々、「一流の麻薬取締官」とはどのような存在であるのかと、折に触れて自問し続けてきた。

その時、私が思い浮かべるのは「鍋」のイメージだ。

まず、取締官に必要と思われる要素をメモ用紙1枚1枚に書き留める。たとえば、「法令知識」「薬学知識」「豊富な現場経験」「捜査能力」「情報収集能力」「情報分析能力」「行政能力」「語学力」「国語力」といった具合だ。それを、水を張った鍋に入れて煮詰めていく（あくまでも想像のなかでの話だが）。すると、水が蒸発する頃には「一人前の麻薬取締官」と書かれた紙がにじみ出てくる。

加えて、今度は人間的な要素を放り込んでいく。「情熱」「向上心」「正義感」「使命感」「想像力」「記憶力」「五感力」「体力」「リーダー力」「猟犬力」「柔軟性」「先見性」「清廉」「実直」「公正」「果敢」「聡明」といった要領で、だ。

すると今度は鍋の底から「〝Aクラス〟の麻薬取締官」という紙が浮かび上がってきた。そこでさらに、「アンガーマネージメント力（怒りの感情をコントロールする力）」「演出力」「遊び心」「情愛」「聞き巧者」「微笑」「人たらし」「明快」「粋」といった言葉を足すと、はじめて「一流の麻薬取締官（スペシャルエージェント）」なる紙が手に入るのだ。

ご理解頂けただろうか。やはり、「一流の捜査官」には人間的な魅力が不可欠なのだ。だが、これは私が現役で走り回っていた時代のことで、現在のマトリにはより多様な知識や感覚が求められるようになった。

鍋に投じるべき言葉にも、「IT知識」「金融知識」「国際感覚」「時事力（時代を見極める力）」などが加わり、「効率性」や「コスト意識」も重要になってきた。そうした要素を加味しつつ、新たな「スペシャルエージェント」を目指さなければ、世界の捜査機関に肩を並べられず、複雑化する国際捜査にも対応できない。

これまで繰り返し述べてきたように、現在は「薬物問題＝国際問題」であり、日本は世界有数の覚醒剤マーケットだ。国際的薬物密輸組織はもはや一国だけで太刀打ちできる存在ではない。この事実を徹底的に頭に叩き込んだ上で、専門的な知識を武器に国際捜査の場で活躍する捜査官を育成することが急がれる。これは今後のマトリにとって最大のテーマのひとつとも言えよう。

そして、マトリの業務を拡充することも喫緊の課題だ。マトリの取締権限は、発足時の麻薬・大麻に始まり、覚醒剤、危険ドラッグ（指定薬物）と強化・拡充され続けてきた。だが、近年の世界的な薬物犯罪情勢を分析すると、「偽造医薬品の製造・流通」という新たな問題が生じている。これはいずれわが国でも脅威となるだろう。その世界市場は既に8兆円規模と言われており、違法薬物を扱う犯罪組織がその流通に大きく関与している。将来、場合によっては麻薬ビジネスを凌駕することも予想される。

２０１７年1月には、日本でもC型肝炎製剤「ハーボニー」（薬価１５０万円相当）の偽造品1瓶が奈良県の薬局を介して患者に渡るという事案が発生した。その後の調査で、実際に偽造薬品15瓶が発見され、耳目を集めたことは記憶に新しい。我々の捜査現場では、ときに睡眠薬やＥＤ治療薬の偽造品を発見することはあったが、一般的に「我が国では偽造医薬品は流通していない」というのが常識だった。しかし、そうした前提条件が崩れたわけである。

偽造医薬品は正規品を偽装しているが中身が何かは分からず、その意味で危険ドラッグと何ら変わりない存在だ。問題は、危険ドラッグと異なり、それを摂取するのが疾患《しっかん》を抱える一般人という点だ。無論、「事故」が発生する可能性は違法薬物の比ではない。しかも、一旦蔓延すると事態の収拾は困難となる。

だからこそ、厚生労働省の「特殊部隊」であり、多くの薬剤師を抱える麻薬取締官が、専門知識を生かして警察の関係部門と連携しながら取締りに当たることが最も望ましいと考える。危険ドラッグ店舗を全滅させたのと同様の結果が得られると信じている。

加えて問題となるのは、正規医薬品である向精神薬だ。なかでも私が目を光らせるべきだと思うのは睡眠薬だ。ここ数年を振り返っても、睡眠薬は殺人や性犯罪の「ツール」として使われてきた。詳しい統計はないが、睡眠薬が使用された凶悪犯罪は100件を超えているだろう。正規医薬品は人を救う目的で開発され、医療現場で患者に投与されるものだ。これが殺人に悪用されることは許せない。騙《だま》して飲ませ、犯行に及ぶ。これは絶対に看過《かんか》できない。若者の間では、「Uクリニックへ行けば簡単に処方してくれる」「V薬局へ行けば裏で売ってくれる」との情報が飛び交い、ネット上では平然と売買されている。流通監視を強化し、徹底した取締りを進めるとともに、その実態を社会に注意喚起する必要がある。

以上のように、麻薬取締官の大幅増員といった組織改革は急務と考えるが、現役の麻薬取締官にあっては、まず「薬物犯罪は時代を映し出す鏡」ということを肝《きも》に銘《めい》じ、常に時代感覚を養いながら薬物専従捜査官としての足跡を残してもらいたい。颯爽《さっそう》とかっこよく駆け抜け、自らの歴史を刻んでほしい。ただし、地を這《は》うような捜査や、猟犬気質が我々の原点にあること、また、常に想像を絶する難関が立ちはだかることを忘れてはならない。

過酷で悲惨な末端現場を経験すればするほど、覚醒剤の密売人を追えば追うほど、水際対策や国際連携の必要性を身に染みて感じるはずだ。

そして何よりも、

「誰がやるんだ。俺たちがやる！」

このスピリットを絶対に忘れてはならない。

本書に掲載した写真の提供は、著者。
本文中の図版デザインは、ブリュッケ。

年表：薬物及びマトリ（麻薬取締官）の主だった動き

西暦	薬物及び麻薬取締官の主だった動き	日本・世界の状勢
1840		アヘン戦争（英・清～42年）
1941	覚醒剤のメタンフェタミン「ヒロポン」発売。軍需品としても利用される（一種の眠気除去・強壮剤として使われる）	日中戦争（1937～1945年） 第2次世界大戦（1939～1945年）
1945	戦後、軍需物資だった覚醒剤が民間に大量放出され、市販薬のヒロポン等とともに一気に乱用が拡散、社会問題化する 第1次覚醒剤乱用期「ヒロポン時代」（～57年）	ポツダム宣言 終戦 国際連合発足
1946	新麻薬取締規則制定 麻薬統制官（麻薬取締官の前身）設置	新円切り替え 日本国憲法公布
1947	大麻取締規則制定	
1948	大麻取締法制定／麻薬取締法制定 旧薬事法制定	
1949	覚醒剤メタンフェタミン、アンフェタミン全製剤を劇薬とする	
1950	麻薬取締官誕生（麻薬統制官改称）	朝鮮戦争（～53年）
1951	覚せい剤取締法制定 （法律名称は「覚醒剤」ではなく「覚せい剤」）	旧日米安全保障条約署名
1953	麻薬取締法制定	テレビ放送開始　奄美群島本土復帰
1954	あへん法制定 覚せい剤取締法改正、罰則を強化、覚醒剤検挙者5万5664人・潜在使用者約55万人と推計	
1955	覚せい剤取締法改正、覚醒剤の輸出を禁止、罰則を強化、覚醒剤原料を規制 ヘロインの乱用が始まる ヘロイン横行期（～65年、ピークは61年～63年）	高度成長期に突入（55～73年にかけ、実質経済成長率が10%超え→欧米の2～3倍）　三種の神器（白黒テレビ、洗濯機、冷蔵庫）　消費ブーム　ベトナム戦争（55年頃～75年）
1956		日ソ共同宣言（ソビエト連邦と国交回復） 日本が国際連合加盟 太陽族出現
1957	「ヒロポン時代」終焉	
1958		東京タワー竣工
1959		伊勢湾台風 安保闘争、カミナリ族社会問題化
1960	日本国内で大麻乱用が始まる（アメリカのヒッピー文化等の影響）／薬事法制定 映画「白い粉の恐怖」封切り	新日米安全保障条約署名 所得倍増計画（池田勇人内閣）
1961	麻薬に関する単一条約採択（64年加盟） 横浜市の日ノ出町駅前ガード下から黄金町にかけて約300人ものヘロイン中毒者が集まり退薬症状を訴え悶え苦しむ（社会問題化～62年頃） ヘロイン事犯検挙者数2265人、潜在中毒者数万人以上	
1963	麻薬取締法改正、医療的対策が強化される	暴力団組織数が大小約5000団体に及ぶ。構成員数は約18万人（過去最高）

1964		東京オリンピック開催、東海道新幹線開通　暴力団壊滅作戦（～69年）　みゆき族出現
1965	覚醒剤乱用が再燃。暴力団が資金獲得手段として本格的な覚醒剤密輸・密売を始める。製造地は韓国が主流、物は結晶状が一般化する。末端小売価格は0.2～0.3グラム1万円（現在までほぼ変動無し） ヘロイン事犯減少	日韓基本条約調印 3C ブーム「マイカー、カラー TV、クーラー」（～66年）
1966		大阪西成区釜ヶ崎の名称を「あいりん地区」と変更　ビートルズ来日
1967		東京新宿駅前に屯するフーテン族が社会の耳目を集める（短期に姿を消すが、シンナーを吸引する者も）
1968		日本のGNPがアメリカに次いで世界第2位となる
1969	ヘロイン乱用終息	昭和天皇パチンコ狙撃事件 東大安田講堂攻防戦。逮捕者は600人以上
1970	LSDを麻薬に指定、覚醒剤検挙者数1682人 第2次覚醒剤乱用期「シャブ時代」の到来（～94年）	日本万国博覧会が大阪で開催 暴走族出現（最盛期は80年）
1971	向精神薬に関する条約署名（批准は90年）	
1972	麻薬取締官に覚醒剤取締権限付与	札幌オリンピック（冬季）開催　沖縄本土復帰　日中国交正常化
1973		第1次オイルショック
1974		日本・イラン間のビザ相互免除協定締結
1976	覚醒剤検挙者数1万919人	
1978		山口組三代目組長狙撃事件 日中平和友好条約署名
1979		第2次オイルショック　竹の子族登場
1980	覚醒剤検挙者数2万200人。88年まで2万人台が続く	ジャパゆきさん現象（フィリピン等東南アジア女性の出稼ぎ～2004年）
1981	深川通り魔殺人事件発生（6人死傷）	
1982	西成覚醒剤中毒者殺人事件（7人死傷）	テレホンカードの発売始まる （一般普及は87年頃）
1983		東京ディズニーランド開園 NHK『おしん』最高視聴率62.9%
1984		山口組組長跡目争いから分裂し一和会結成、通称「山一抗争」が始まる
1985	西成区の暴力団組織数 約60団体（2017年では10団体程度） 台湾が覚醒剤密造・仕出地の主流となる	山口組四代目組長射殺事件 ポータブル電話機「ショルダーホン」登場　プラザ合意
1986	ポケットベルや転送電話が薬物密売のツールとして使われ始める	ポケベルサービス盛況 バブル経済が起こる（バブル発生）
1988	麻薬及び向精神薬の不正取引の防止に関する国際連合条約（麻薬新条約）署名（批准は92年）	リクルート事件 イラン人入国者数1万4693人

1989	覚醒剤検挙者数が穏やかに減少し1万6866人、94年まで約1万5000人で推移	昭和天皇崩御、皇太子明仁親王が即位、元号が平成に　山一抗争終結　山口組五代目組長就任
1990	麻薬取締法等改正、麻薬取締法を麻薬及び向精神薬取締法に改称 世界の薬物不正取引総額50兆円と推計（国連） 覚醒剤の密造が、台湾から中国・北朝鮮等へ拡散（主流は中国） イラン人グループの偽造テレホンカード販売が横行し、一部が薬物密売を始める(～92年頃)	イラン人入国者数3万2125人 中国からの日本への集団密航が始まる(蛇頭)
1991	麻薬特例法制定（CD捜査が可能となる） 携帯電話が薬物密売買のツールとして普及する（捜査の困難化始まる） 密売及び乱用薬物の多剤化	バブル崩壊（91年～93年） 携帯電話機（ムーバ）サービス開始（レンタル）　イラン人入国者数4万7976人　ソビエト連邦解体
1992	イラン人の組織的な薬物密売が露呈する（麻薬の多種多剤を密売）	日本・イラン間のビザ相互免除協定終了　イラン人不法滞在者数約4万人
1993	大麻事犯が増加、検挙者数2055人（過去最高） アフリカ人薬物密輸組織の活動が露呈する	テレビドラマ「ポケベルが鳴らなくて」がヒット　EU発足
1994	イラン人薬物密売組織が首都圏、名古屋圏、大阪圏を席巻（ピークは95～02年）、イラン人逮捕者急増 大麻事犯検挙者数2103人（93年を超える）	関西国際空港開港 携帯電話機の売り切り制開始
1995	覚醒剤検挙者数が増加、1万7364人、以後2万人に迫る勢い 第3次覚醒剤乱用期「新シャブ時代」の到来(現在まで継続)	阪神・淡路大震災 地下鉄サリン事件 Windows95日本版発売
1996	名古屋市のセントラルパーク周辺でイラン人組織による無差別密売が顕著となる インターネットを利用する薬物密売が始まる 脱法ドラッグ出現	
1997		Office97発売　香港返還
1998	薬物乱用防止五か年戦略策定（19年現在：第五次五か年戦略）	長野オリンピック(冬季)開催
1999		Yahoo!メール、MSN・Hotmail日本版サービス　ドコモiモードサービス誕生
2000	組織犯罪処罰法施行 犯罪捜査のための通信傍受に関する法律施行 東京渋谷のセンター街周辺でイラン人組織による無差別密売が顕著となる 東海北陸地区「イラン人薬物密売事件特捜本部」が人事院総裁賞受賞 この頃から覚醒剤密造が東南アジア全域に拡散	新紙幣2000円札発行 BSデジタル放送開始
2001	中央省庁再編に伴い麻薬取締官事務所が地方厚生局麻薬取締部となる	ユニバーサル・スタジオ、東京ディズニーシー開園　米国同時多発テロ
2002	日本で初めて医療用麻薬で「貼付剤」が発売 イラン人検挙者286人（95年頃から200人台が継続）	
2004	欧米で現在の危険ドラッグの起源となる合成カ	Google Gmail(β版)サービス開始

	ンナビノイドが添加された脱法ハーブ「Spice」「K2」等が出回る。合法大麻と称され急速に蔓延	イラク戦争（2003〜11年）
2006		第1次安倍内閣誕生
2007	脱法ドラッグの販売・乱用の兆し（アダルトショップ等で販売） 薬事法により「指定薬物」として脱法ドラッグの一部を規制（製造、輸入、販売等を禁止） 31物質	iPhone登場 YouTube日本語対応
2008	「Spice」「K2」等が日本でも確認される アフリカ組織のラブコネクション事件を確認する	Facebook、Twitter日本語対応 リーマンショック
2009		民主党政権誕生（〜2012年） Google Gmail正式版の運用開始
2010	イラン人組織の活動が衰退（検挙者数70名）	
2011	メキシコ等海外薬物密輸組織の活動が活発化（日本をターゲットに） 国際薬物犯罪組織の連携・サプライチェーン化が確認される（日本をターゲットに）	東日本大震災 LINEサービス提供開始
2012	国際シンジケートによる覚醒剤密輸入事件（ロードローラー事件）摘発 脱法ドラッグ（ハーブ等、後に危険ドラッグと呼称）の乱用が急激に拡散、全国に店舗が乱立し、乱用者による事件・事故が散見されるようになる 脱法ドラッグ乱用者による大阪商店街でのひき逃げ事件、名古屋での暴走事故等が発生	東京スカイツリー開業 第2次安倍内閣誕生（自民党政権復帰）
2013	指定薬物の包括指定を導入。合成カンナビノイド、カチノン系の一群を包括指定 麻薬取締官に指定薬物取締権限付与（薬事法改正） 街頭の脱法ドラッグ店舗が大小200店を超える 九州麻薬取締部の「国際薬物シンジケートによる覚醒剤密輸入事件捜査本部」が人事院総裁賞受賞 アメリカで大麻ワックス、リキッド（濃縮大麻）が蔓延 ウルグアイで嗜好用大麻合法化（世界初）	
2014	全世界の2億4300万人が2012年までに一度は薬物を使用、使用者増加率は人口増加率に比例（国連薬物犯罪事務所「世界麻薬報告書」） 指定薬物の所持、使用、購入、譲り受けについても禁止 脱法ドラッグの使用者による事件・事故が頻発、推定使用者数40万人、14年だけで112人が死亡、検挙者数897人。大きな社会問題となる（香川県での暴走事故、福岡市天神での暴走事故、愛知県での発砲事件、名古屋での女性死亡事故、東京池袋での暴走事故、東京世田谷での隣家女性切りつけ事件等々が発生） 「脱法ドラッグ」を「危険ドラッグ」に名称変更	Instagram日本語アカウント開設 オバマ米大統領来日 広島豪雨災害 御嶽山噴火 第3次安倍内閣誕生 高倉健、菅原文太死去

	政府が「危険ドラッグの乱用の根絶のための緊急対策」を策定 危険ドラッグ実店舗数215店確認。インターネット販売サイトは約100件（海外を含めれば300件を超える） 「麻薬取締部危険ドラッグ取締対策本部」設置 指定薬物である疑いのある物品について、全国の麻薬取締部が検査命令等を初めて発動 薬事法が改正され、「医薬品、医療機器等の品質、有効性及び安全性の確保等に関する法律（医薬品医療機器等法）」に名称変更	
2015	カチノン系化合物を包括指定 危険ドラッグ実店舗壊滅 215店舗→0店舗、厚生労働大臣壊滅宣言 麻薬取締部危険ドラッグ取締対策本部が人事院総裁賞受賞 指定薬物数2316に 本格的な大麻不正栽培事犯が急増。大麻ワックス、リキッド（オイル）が拡散の兆し イラン人検挙者数18人（激減）、イラン人組織の東南アジアでの活動が活発化	業界別規模ランキング（～16年）「卸売87兆円、電気機器83兆円、自動車68兆円（トヨタ28兆円）、家電67兆円、小売60兆円、金融60兆円、情報通信45兆円 六代目山口組分裂（一部が神戸山口組結成） パリ同時多発テロ
2016	覚醒剤押収量約1.5トン（過去最高） 大麻草押収量1万9944株（過去最高） インターネット上の危険ドラッグ等薬物取引の決済手段にビットコインやウエスタンユニオンが使われ出す（ネット事犯の複雑・巧妙化） アフリカ組織のラブコネクション事件が巧妙・活発化	日本の名目GDP4兆9386億ドル（約540兆円）
2017	アフガニスタンのあへん生産量約9000トン（過去最高） 覚醒剤押収量約1.1トン（2年連続1トン超え） 大麻草押収量1万8985株（2年連続2万株に迫る） 大麻の生涯経験者数（推計使用人口）が133万人に上昇（覚醒剤50万人、危険ドラッグ22万人）←国立精神・神経医療研究センター「薬物使用に関する全国住民調査」 大麻事犯検挙者数3218人（過去最高） C型肝炎製剤「ハーボニー」（薬価1瓶150万円）の偽造品が出回る ダークウェブを利用したインターネット薬物密売が拡散	神戸山口組分裂（一部が任侠山口組結成） 暴力団構成員数1万6800人・準構成員数1万7700人（警察庁資料） 仮想通貨市場約70兆円（ビットコイン約30兆円） 米国トランプ大統領就任 第4次安倍内閣誕生
2018	カナダで嗜好用大麻合法化（先進国初） 大麻リキッド（オイル）・ワックス蔓延 アメリカ・カナダ等でオピオイド使用による死者が続出（年間3万人を超える） 睡眠薬を利用した殺人、レイプ事件が頻発（ここ数年）　大麻事犯検挙者数3578人	訪日外国人数約3100万人 フィリピン国家予算3兆7670億ペソ〔約8兆500億円〕（世界の麻薬等取引額は50兆円を優に超えると推測）

〔作成・著者：デザイン・ブリュッケ〕

本書は、「新潮45」（2018年7月号〜10月号）の連載に加筆を施し、大幅な書下ろしを加えました。

瀬戸晴海　1956年、福岡県生まれ。
明治薬科大学卒業。80年に厚生省
麻薬取締官事務所（当時）入所。
九州部長などを歴任し、2014年に
関東信越厚生局麻薬取締部部長に
就任。18年３月に同部を退官。

Ⓢ新潮新書

847

マトリ
厚労省《こうろうしょう》麻《ま》薬《やく》取締官《とりしまりかん》

著　者　瀬戸《せと》晴海《はるうみ》

2020年１月20日　発行
2020年１月30日　２刷

発行者　佐　藤　隆　信

発行所　株式会社新潮社

〒162-8711　東京都新宿区矢来町71番地
編集部(03)3266-5430　読者係(03)3266-5111
https://www.shinchosha.co.jp

印刷所　錦明印刷株式会社

製本所　錦明印刷株式会社

ISBN978-4-10-610847-1　C0236

価格はカバーに表示してあります。

Ⓢ新潮新書

698
薬物とセックス
溝口敦

ASKA、清原和博、小向美奈子……やめられない。とまらない。そして〝破滅〟がやってくる。なぜカップルで使うのか？ 〝禁断の快楽〟とは？ 報道されないタブーを一挙解説。

434
暴力団
溝口敦

なぜ撲滅できないか？ 年収、学歴、出世の条件は？ 覚醒剤はなぜ儲かる？ ヒモは才能か？ 警察との癒着は？ 出会った時の対処法とは？ 第一人者による「現代極道の基礎知識」。

707
警察手帳
古野まほろ

こんなにおもしろい組織はない――ドラマとのちがいは？ 〝敏腕刑事〟の条件とは？ 捜査の心得は？ 警察庁とは何か？ キャリア出身の作家だから書けた〝超絶リアル〟な巨大組織。

663
言ってはいけない
残酷すぎる真実
橘玲

社会の美言は絵空事だ。往々にして、努力は遺伝に勝てず、見た目の「美貌格差」で人生が左右され、子育ての苦労もムダに終る。最新知見から明かされる「不愉快な現実」を直視せよ！

820
ケーキの切れない非行少年たち
宮口幸治

認知力が弱く、「ケーキを等分に切る」ことすら出来ない――。人口の十数％いるとされる「境界知能」の人々に焦点を当て、彼らを学校・社会生活に導く超実践的なメソッドを公開する。